一分钟学习
逻辑思维

Hirokazu Onoda
[日] 小野田博一 / 著
王瀚洋 / 译

清华大学出版社
北京

前言

一旦忽视了『逻辑是否正确』，就不是逻辑思维了让我们通过本书来了解一下，何为"逻辑思维"吧。

正确地认知一个概念是非常重要的。

因为，如果认识是错误的话，无论进行怎样的训练，也是收效甚微的。

就好比把自由泳误认为是仰泳的人，不管他怎么练习仰泳的游法，他的自由泳技术也不会有什么提高吧。

凡事都是这个道理。

了解了何为逻辑思维之后，你便可以拥有成为一个具有逻辑思维的人的自信了。

而且，你也会变得能够说出坚实有力的道理。

诉说的道理足够坚实有力的话，你在陈述自己的意见时，就可以做到拥有自信、理直气壮，而且也可以用这些道理来说服对方。

"能用道理说服对方"这点就意味着：你的意见即便是拿到国际社会，也是通用的。

因为，在国际社会的沟通交流中，"道理"是唯一通用的东西。

小野田博一

2012 年 6 月

目录

前言

一旦忽视了"逻辑是否正确"，
就不是逻辑思维了 ································ I

第1章 什么是"逻辑" ································ 1

1 其实每个人都在运用着逻辑思维 ················ 2

2 "说得通"就是有逻辑的 ························ 8

3 道理正确的话，就是有逻辑的 ·················· 13

4 逻辑结构由结论和支持结论的东西构成 ·········· 18

5 有逻辑的人，很擅长说明道理 ·················· 23

6　演绎就是把"100%正确的结论"导出来的推理 ·············· 28

7　归纳是把"不一定100%正确的结论"导出来的推理 ·············· 31

8　说"三段论法就是演绎"是错误的 ············· 34

9　抱着"我的道理是正确的"这种想法是行不通的 ··· 39

10　就算一口咬定，说服力也不会变强 ············· 43

11　如果缺少支持结论的部分，就没有逻辑了 ········ 47

12　就算逻辑是正确的，如果道理说不通，还是没有意义 ·············· 51

第2章　什么是逻辑思维 ·············· 55

13　逻辑思维不需要"道具" ············· 56

14　单纯的结论就要单纯地推导 ············· 60

15 在逻辑思维中，让推导结论的方法正确是
最重要的 ·· 64

16 不要有走一步算一步的想法 ····················· 68

17 以"开放的眼界"思考没有意义 ··············· 73

18 用数学来锻炼逻辑思维能力吧 ·················· 76

19 自身的诉求 / 欲望有时会损害逻辑思维 ············ 80

20 靠构思得出想法，不是逻辑思维 ·················· 84

21 发散思维不是逻辑思维 ······························ 87

22 不要随便去尝试转换思路 ························· 93

23 要认识到思考中非常容易出现"逻辑的空缺" ···· 97

24 提问的时候让人理解你提问的缘由 ··············· 100

第 3 章　谁都能做到的逻辑发言 ·················· 107

25　发言 / 行动有逻辑非常重要 ·················· 108

26　让别人觉得"这么说的话，的确没错吧" ········ 112

27　根据对方的诉求来制订谈话方针 ············· 115

28　说话不要偏离"要点" ······················ 119

29　关于逻辑结构的部分不能省略掉 ············· 122

30　不要指望对方来领会你的结论或者要求 ········ 126

31　不要根据推测的内容来进行反驳 ············· 129

32　作出评价的时候一定要诉说理由 ············· 133

33　需要多少理由视对方而定 ··················· 137

34　阐述好事实和结论之间的联系 / 关联 ·········· 141

35　把"我"去掉，客观地进行阐述吧 ············ 145

36　不要武断地发言 ·························· 148

37 不要无视对方的发言 ················· 152

38 不要所答非所问 ··················· 156

39 想知道什么就直接问出来 ·············· 160

第 4 章　逻辑发言的技巧 ··············· 165

40 发言充满理性和智慧就会听起来有逻辑 ······ 166

41 使用科学的说明,是增加说服力的捷径 ······ 169

42 发言也需要"数学的正确性" ············ 173

43 要怀揣自信、理直气壮地说话 ··········· 177

44 正确传达你的"确信度" ·············· 181

45 不要说自相矛盾的话 ················ 186

46 清楚明白地表达 ··················· 190

47 少说废话,让发言变简洁 ·············· 193

第1章 什么是「逻辑」

> 逻辑思维其实每个人都在运用着

1 ▶▶▶

逻辑思维，即有逻辑的思维——指的是一种合乎逻辑的思考行为。

……如果这么说明，就有人明白什么是逻辑思维的话，那么大概他在读这本书之前就知道逻辑思维是怎么回事了吧。

而大部分的人对"逻辑"是什么意思、"合乎逻辑地"又是怎么一回事，都没有什么概念。

这样的话，根本就没法了解什么是逻辑思维。

嗯，就从感觉上最浅显易懂的事情开始说明吧。

首先，就是与合理的思考能力相关的一些东西。

所谓合理的思考能力，就是把"应该可以推导出来的结论"推导出来的能力。

如果是在见闻别人论证的场合，就是判断结论是否被正确地推导出来的能力。

只是，这里所说的"正确地"，可能需要详细地说明一下（说不定和此时此刻你考虑的"正确"的意思相差着十万八千里呢），所以关于这一点，让我们在后文中详细讲解吧。

将"原本可以推导出来的结论"给推导出来了的话,你就是在进行着逻辑思维。

我们来举个例子:

譬如,请想象一下如下的状况。

> 你是一只鸟,正在空中笔直地飞行。
> 在正面——你飞行方向的正前方——有一棵树。
> 就这样继续飞的话……(会怎样呢?)

会撞到树上吧。

"会撞到树上吧"这个结论,就在刚刚,被你推导出来了吧?

这个思考过程就是合理思考。

你现在就在运用着逻辑思维——并且是毫不费力、顺理成章地进行着思考。

没错,逻辑思维很简单。

不不,其实也有困难的情况,但是那都是后话了,这里咱们还是先书归正传吧。

撞上树的话会很痛的吧?

做出让自己痛苦的事,这样的情形你应该想回避才对。

于是，为了回避就改变前进的方向呗。

撞上了树的话会很痛的想法——原本会经历到的疼痛被预料到——这就是逻辑思维。

接下来发生的事应该会很痛，所以有想要避开的想法——这是当然的，因为这个想法说得通。

这也是逻辑思维。

因为有想要避开的想法，所以决定做出避开的行动——这也说得通。

所以，这也是逻辑思维。

推导出的结论、或者是作出的决定如果说得通的话，此时的思考，就是逻辑思维。

什么啊，简单透了……所谓逻辑思维，就是这么个玩意吗？你现在一定在这么想吧。

没错，就是这样。

逻辑思维还就是这么简单的东西。

太虎头蛇尾了吗？

其实，大家都在运用着逻辑思维。

而且，是在一瞬间、下意识地（潜意识中）。

甚至连昆虫都会这么做。

当捕虫网接近的时候，蝴蝶啊，蝉啊都会从原处逃开。

就连蝴蝶和蝉都会运用逻辑思维这件事，仔细想想，不，就算不仔细想，也是件相当了不起的事不是吗？

昆虫为什么会运用逻辑思维呢？

为了回避危险吗？

大概正是如此吧。

但是，昆虫拥有回避危险的能力，实在是很厉害的事情呢。

好的，先不管这个，单说如果不运用逻辑思维的话，有时可是很危险的……不如说，是很愚蠢的。

比如说，你在路上正走着呢，这时一个球冲着你的脸就飞过来了，结果你光在想"啊，有个球飞过来了"，却没有想接下来会怎样的话……那么，结果会怎么样？

再比如说，你为了过一条小河而踩着一座独木桥走的时候，明明想着"为了渡过这座桥，我得在这根原木上笔直地往前走"，结果走到一半不知为什么突然拐了 90°朝着河里甩开大步走的话……

如果不运用逻辑思维的话,其实脑子是没有在正常运转的。

> ■1》 如果不运用逻辑思维的话,其实脑子是没有在正常运转的。

「说得通」就是有逻辑的

2 ▶▶▶

其实，大家都是在下意识地运用着逻辑思维。

下意识运用的逻辑思维，在绝大多数情况下都是正确地运用，不会出问题。

于是，说起有意识地思考的情形……问题就大了——因为这种时候，不运用逻辑思维的情况会时有（对于有些人来说是频繁地）发生。

比如说，两种愿望在心中冲突的时候，人们往往就无法进行逻辑思维了。

唔，不如说是下意识的逻辑思维失效时，这些非逻辑的思考才攀升到有意识部分也说不定。

——话虽如此，但是好像扯得有点远了。

还没有说明"逻辑"是怎么一回事呢。

下面，就"逻辑"到底为何物这一话题，让我们到本章末尾为止，暂且好好说明一番吧。

"逻辑"这个词有很多的意思。

以前面所说的"想象你是一只鸟……"为例的说明中出现的"说得通"——这就是"逻辑"的意思之一。

说得通……就是"从道理上来说可以被人接受"或者"与（自然之类的）公理相符合"之类的意思。

比如说，瀑布的水流是自上而下落下的话，就是说得通的——换言之，这是件有"逻辑"的事。

再比如，中午你去员工食堂吃饭，结果发现食堂正在改造施工中没有营业，那么，你不会在那里等到施工结束，而是会离开吧。

这个行动说到底也是说得通的。

也就是说，是有"逻辑"的。

现在我们来举一些英语中的例子来看看。

■ logical choice

如果某人做了一个选择，而这个选择你认为它说得通，那么这个人做的这个选择对你来说就是个 logical choice。

■ logical candidate

如果某人是什么职位（比如说总裁）的候选人，而你觉得他作为这个候选人说得通，那么，这个人对你来说就是一个 logical candidate。

■ logical company

在考虑某件事由哪家公司来做最合适的时候，如果你觉得 × 公司来做是说得通的，那么对你来说 × 公司就是一家 logical company (to do it)；如果你觉得只有交给 × 公司来做才是说得通的，那么 × 公司就是 the only logical company to do it.

■ **logical continuation**

直译的话就是"说得通的后续"。

continuation 可以是"接下来的文章"或"接下来发生的事"等各种"接下来的东西"，到底是什么，需要具体问题具体分析。

■ **logical explanation**

直译的话就是"说得通的理由说明"。

explanation 有"理由说明"的意思，或译作"理由"。

比如说，不会故意破坏物品的人故意破坏了好几件物品的话，看到了这种行为的人们一般都会说 There had to be a logical explanation. 一般就会用现在时说成"这其中一定有什么正当的理由"吧。

■ **logical result**

直译的话就是"说得通的结果"，也就是"从道理的角度来说当然的结果"。

■ logical completion

直译出来是"合理的完成",但是如此翻译完全不知所云。

结合例句来理解它的意思吧。

这个例句,是某道测验题的题干,出这道题的文章最后少了一句话。

Which one of the following is the most logical completion of the passage above?

下列哪一个选项放在上面文章的最后是最说得通的(从合理这点来说更恰当)?

2》 什么是"说得通的"因人而异。

> 逻辑的道理正确的话，就是有

3 ▶▶▶

"逻辑是正确的""道理是正确的"等都是"有逻辑的"意思之一。

这点和前面所说的"说得通"有很大一部分意思是重合的,但并不是等同的,其中还有不同的部分。

其中不同的部分用如下例子来说明的话,大家会理解得更快和更容易吧。

前提:地球和土星相比,土星距太阳的距离更远。
结论:星期六[1]的后一天是星期天[2]。

像这样,从某种前提(premise)导出某种结论(conclusion)的行为或思考,叫作推理(inference);而将推理用文字表达出来(口述也好、书面也好)的行为,则叫作论证(argument)。

在上述例子的论证中,前提和结论都是对的,但是逻辑怎么样呢?明显是不对的吧。

这一点就算是不知何为"逻辑"的人也明白。

为什么逻辑是不对的呢?当然是因为从这个前提导不出这个结论。

当从前提"正确地"导出结论的时候——也只有这个时候——我们才可以说"逻辑是正确的"。

因此,虽然刚才使用的例子中前提和结论都是正确的,但是逻辑却是错误的。

这个例子也表明了,"即便结论是正确的,也不能说明逻辑就一定是正确的"。

这一点一定要特别注意。

下面的例子对于某些人来说可能有些"毁三观"[1],实在无法理解的人,就请无视它吧。

因为就算无视了这个例子,你的逻辑思维也不会因此变成半调子的东西是这样。

前提:企鹅是鱼类。
结论:企鹅是鱼类或鲸类。

在这个论证中,逻辑是正确的吗?
没错,就是正确的。

---

1 即:与人生观、世界观、价值观发生冲突。

因为结论被"正确地"从前提推导了出来。

虽然从是否符合事实这点来说，结论并不正确，但那是因为前提不符合事实。

这个例子很好地说明了，"逻辑正确"与"前提和结论是否正确"完全是"另外一码事"。

——也就是说，就算逻辑是正确的，也不能保证结论就一定是正确的。

同理，就算结论是错误的，但不能说明逻辑就也是错误的。

那么，来看看下面的例子又如何呢？它的逻辑是正确的吗？

前提：小梓今年21岁。
结论：小梓今年不是21岁就是12岁。

这个很简单吧？

逻辑是正确的对吧。

就算小梓今年其实是19岁，这个逻辑也是正确的。

话说回来，这个论证中的逻辑，是不是觉得有点儿眼熟啊？

没错，就在前面关于企鹅的那个例子里刚刚用过。

这个例子（关于小梓）也好，关于企鹅的例子也罢，它们的逻辑结构是别无二致的。

"因为 A 成立，所以，A 或 B 成立"——这就是两者的逻辑结构。

这么说来，其实"道理是正确的"和"逻辑是正确的"有着微妙的不同之处。

最大的区别就是，如果说"道理是正确的"，一般来说也意味着前提是正确的。

换句话说，如果前提错误的话，通常就会说"道理是不正确的"了。

比如说，"女性职员就应该管端茶倒水，所以……"这句话，不管这个"所以……"的后半部分到底是什么，整句话也是"道理是不正确的"。

另外，关于道理的正确性的东西，今后会用大量的篇幅介绍。

■ 3》 道理和逻辑有点不一样。

[1]：星期六日文为"土曜日"。
[2]：星期天日文为"日曜日"。

> 逻辑结构由结论和支持结论的东西构成

4 ▶▶▶

■ **logical structure**

一般叫作"逻辑结构"。

就是指"结论"和"支持结论的东西"组合而成的构造。

论证（argument）其实和盖房子差不多，从古代起就有了。

请想象一下像巴台农神庙，它是由若干支柱（理由）支撑起石质屋顶（结论）的构造，逻辑结构也是这样一幅图景。

在英语中，人们会用下列的表达方式（看了这个的话，"逻辑结构"的形象应该会在你脑中浮现出来了吧）。

The argument is shaky.
这个议论（论证）简直摇摇欲坠。
We need some more facts or the argument will fall apart.
我们需要更多的事实，否则这个议论（论证）就要崩塌了。

在美国高校的教科书中，在讲解议论相关的知识时经常使用的，除了几行之前说过的类似巴台农神庙的图解，还有与图 1 类似的图解——看起来像三块厚重的石板叠在一起一样的示意图。

这是一幅表示结论由理由支撑、而理由又由事实支撑的示意图。

另外，图 2 则表示结论由两个理由支撑，而每个理由又由其各自的事实支撑的情形。

结论
理由
事实

图 1

结论	
理由	理由
事实	事实

图 2

■ logical flaw

"逻辑上的缺陷"的意思。

人们在组织道理时可能会犯各种各样的错误，但不管是哪种错误，都属于"逻辑上的缺陷"。

比如说，用个别现象代表全体，或者不恰当的类推等。

在逻辑的缺陷中，很大一部分经常被人发现的，就是接下来要说的"逻辑的空缺"了。

■ **logical gap**

"逻辑的空缺"的意思。

空缺,就是说缺了什么东西。

比如说,"芥末很辣,所以我喜欢吃芥末"这句话,用下列的论证形式表现出来就很显而易见,[ ]的部分缺失了。

前提1:芥末很辣。
前提2:[   ]
结论:我喜欢吃芥末。

在[ ]中需要放入的文字,可以是"只要是辣的我都喜欢吃"——有了这部分,这个逻辑就变得正确了。
而因为没有这部分而产生的,就是"逻辑的空缺"。

那么,来看看这个发言如何呢?
"我不喜欢香烟冒出的烟,政府应该禁止贩卖香烟。"
缺了什么呢?
没错,就是"所有我不喜欢的东西,政府都应该禁止掉"。

这样,逻辑的空缺就(基本上)填上了……不过话说回来,这够霸道的了。

> ■ 4》如果没有很好的支撑的话,逻辑结构是很脆弱的。

> 5 ▶▶▶ 有逻辑的人，很擅长说明道理

"逻辑"也有"能够合理地思考"的意思。

■ logical person
具有逻辑思维的人。

就是"能够进行合理地思考的人"的意思。

说起来,具有逻辑思维的人应该是什么样的人呢?请大家在脑中描绘一下他们的样子吧。

★思考和发言及行动都一致的人?

说不定是这样,可即便不是具有逻辑思维的人也可能做到这样的一致(因为大概也有整天尽说些胡言乱语,并且也照着这些胡言乱语行动的人吧)。

★不讨论感情话题的人?

是的,大概也是吧。

但是,如果与感情相关的话题也能以理服人的话,他应该也算是具有逻辑思维的人,所以不讨论感情话题也不算是具有逻辑思维的人的必要特性。

话虽如此,具有逻辑思维的人大体上倒真的有不喜欢整天把感情什么的挂在嘴边的倾向吧。

★基本上来说以理服人的人？

差不多。

★很擅长说明道理的人？

完全正确。

听到歪理的时候，具有逻辑思维的人能够说明"这个道理到底歪在哪里"（如果单单说出"这个道理是不对的哟"这样的话，就算是白痴也会）。

不擅长说理的人就一点也不像是具有逻辑思维的人，所以，对于具有逻辑思维的人来说，说理能力应该是必备能力吧。

另外，整天把"道理我倒是明白，可现实……"或者"人生在世，没什么道理"挂在嘴边的人，也完全没有具有逻辑思维的人的影子。

综上所述，尊重道理、深刻地理解何为道理、并且擅长说明道理的人才是具有逻辑思维的人应有的样子。

那么，下面的这些人如何呢？

他们看起来像是具有逻辑思维的人吗?

- 把听到的东西囫囵接受的人
- 说话武断的人
- 不一一听取周围人的意见就没法说出自己意见的人
- 不擅长调查的人
- 喜欢暧昧地表达的人
- 总说"通融一下吧"的人

这些人全部都是没有具有逻辑思维的人的样子对吧。

另外,其实"合理地说话"差不多就是"让说出的话听起来像是具有逻辑思维的人的发言",关于这种说话方式我们会在第3章讲解。

■ 5》不尊重道理是不行的。

说起来,相信"人生在世,没什么道理"的人不在少数呢,我们特意为这些人准备了下面的短评。

短评

"人生在世,没什么道理"?

"Y某喜欢喝酒,所以今天的接待(酒席)很重要。"

这样的思考是有逻辑的吗?

是的,这样思考很说得通。

这也是非常有逻辑的思考方式。

而且,按照这样的思考来接待的话,就很有道理。

说"人生在世,没什么道理"的人,是不是就不接待人家了呢?

不不不,还是要接待的吧。这些人只是没弄明白什么是道理而已。

说穿了,说着"人生在世,没什么道理"的人,也已经做了足够多有道理的事了。

其实,人间万事,都有它的道理。

演绎就是把「100%正确的结论」导出来的推理

"绝对正确的道理"根本不存在。

在说明这个话题之前,我先要讨论一下"演绎和归纳"。

推理(从某前提导出结论的行为或思考)分为两种,它们分别是演绎(deduction)和归纳(induction)。

演绎就是把"100% 正确的结论"导出来的推理。

来举个例子吧。

前提:巴是一位 22 岁的系统工程师。
结论:巴 22 岁。

这个逻辑是正确的对吧?

逻辑的正确性是 100%。

把这个变成日常说话的形式就是——

"巴是一位 22 岁的系统工程师,所以巴 22 岁。"

这个逻辑是正确的对吧(逻辑没有发生任何变化当然正确了)。

接下来的两个例子也是演绎(而且都是正确的演绎)。

"千鹤是会计,所以千鹤是会计或者杂务"。

"乌鸦是鸟,所以,不是鸟的话就不会是乌鸦"。

在演绎时,"逻辑是正确的"用 valid 表示,在逻辑学的书中,一般将 valid 翻译成"妥当"。

或者,用 logical 来代替 valid 使用也没有错。

总而言之,"22 岁的系统工程师是 22 岁"——这是绝对的真理。

别说用不着找上数万人的"22 岁系统工程师"去问他们"是不是 22 岁"来确认这件事,就是找一个人的必要都没有。

因为从逻辑上人们就能明白这件事是真的。

这类的真理叫作 logical truth。

■6》 关于演绎,充分地去理解吧。

> 归纳是把『不一定100%正确的结论』导出来的推理

7 ▶▶▶

第1章 什么是"逻辑"

再重复强调一遍,演绎是把"100% 正确的结论"导出来的推理。

相对的,归纳是把"不一定 100% 正确的结论"导出来的推理。

下面的例子就是如此。

前提:球是会从坡道的上边向下边滚动的东西。
结论:现在把这个球放在这个坡道上的话,它就会朝着下边滚动吧。

接下来的 6 个例子(日常说话的形式)也是归纳。

【例 1】"我这个礼拜还没有哪天是没打过喷嚏的。所以今天也会打喷嚏吧。"

【例 2】"我在上下班的路上看到女中学生的裙子都很短。所以日本所有女中学生的裙子,全部都很短吧。"

【例 3】"桃香在电话中用开玩笑似的口气说:'我现在正在泡澡哟……'所以实际上她没有在泡澡吧。"

【例 4】"这书看起来会很好卖啊。所以,一定会大卖的吧。"

【例5】"豹和狮子都是猫科动物，豹是夜行性动物。所以，狮子也是夜行性动物吧。"

【例6】"很多公司职员都坐电车通勤。所以，刚才见到的那个公司职员也是坐电车通勤的吧。"

归纳出的结论并不一定100%正确，所以归纳得出的结论中一般都会用上"吧"或"也许"之类的词。

■注意

（从以上说明中应该可以明白）从一般性的倾向中导出结论的行为，是归纳。

很多没有学过逻辑学的人会把它们误认为是演绎。

说到底，就算误解了，在实际生活中也不会产生什么问题吧——只不过会被当成无知的人罢了。

■7》 从一般性的倾向中导出结论的行为，是归纳。

说"三段论法就是演绎"是错误的

8 ▶▶▶

那么，你是否正确地理解了演绎和归纳，让我们在这来做一个小小的测验吧。

【例1】

现在，白夜现象日渐为人们所关注。

聚焦于白夜现象的书，现在还没有大量出版。

所以，如果现在出版聚焦于白夜现象的书，一定会大卖吧。

这是演绎还是归纳？

答案是归纳。

【例2】

在K县发现了恐龙化石。

从前在K县这块地方栖息着恐龙吧。

这是演绎还是归纳？

答案是归纳。

【例3】

(据我所知)A在星期天总是在家里待着。

今天是星期天,所以A应该在家。

这是演绎还是归纳?

答案是归纳。

【例4】

夏美既是20岁,又不是20岁。

因此,我喜欢学习。

这是演绎还是归纳?

答案是演绎。

顺带一提,因为这是演绎,所以可以判断其中的逻辑是不是正确。

到底怎么样呢?

正解是"逻辑是正确的"。

完全绕懵了吧?没关系,就算不懂也是完全OK的——因为这个例子中的逻辑,跟实际生活一点关系都

没有。(另外,想弄明白的人可以参看拙著《增强你的逻辑能力》〈讲谈社〉)

还有,由例 1 我们可以知道,就算是三段论法也不一定是演绎。

认为"只要运用了三段论法,就可以构成演绎"的人不在少数,但这只是误解罢了。

所谓"三段论法",就是指由两个前提来导出一个结论的论证,根据场合而定,它可能是演绎,也可能不是。

而且,在实际生活中的论证,在大多数场合都是归纳。

再强调一遍,如果结论不是 100% 正确的话,这个论证就是归纳。

三段论法归纳的例子如下。

前提 1:新入职员工大体上都不太会接电话。
前提 2:小明是一名新入职员工。
结论:小明应该不太会接电话。

■补充　略微有些让人觉得混乱的话
误认为"先说结论的话就是演绎"的人有很多。这个误解其实源自英语日常用法的不正确性。

deductive argument，作为逻辑学用语时与 deduction 一样，是"演绎"的意思，相应地，inductive argument 是"归纳"的意思。

但是在日常生活中，deductive argument 是"将结论放在开头说的论证"的意思，而 inductive argument 则是"将结论放在最后说的论证"的意思。

也就是说，deductive argument 是"演绎式论证"，而 inductive argument 是"归纳式论证"的意思。

话说回来，日常生活中发生的论证中的绝大部分都是归纳。（不管多少次也要再次强调这点，结论不是 100% 正确的话，其所在的这个论证就是归纳）

所以，就算是 deductive argument，在日常生活中绝大多数场合中的它们，也都是归纳。

■8》日常生活中，就算是开头先说结论的议论，也基本上都是归纳。

> 抱着"我的道理是正确的"这种想法是行不通的

9 ▶▶▶

日常中被称为"道理"的往往都是归纳，尤其像诉说一般性倾向的、以一般情况为论据的和带有"应该做"的，这些话往往被称作"道理"。

我们曾经说过"绝对正确的道理根本不存在"，这是因为，这些道理都是归纳。

归纳的结论并不是 100% 正确的。

这样一来，在阐述归纳的时候给人"好像对的感觉"（结论被正确地推导了出来的感觉）就变得尤为重要了。

推导出结论的方法让人觉得越正确，那么这个归纳看起来就会越"好像是对的"。

比如说，下面的两个例子中 B 看起来比 A 更像是正确的。

当然"好像是对的"指的是一种感觉。

A. "刚刚我驻足的小书店 Y 里边，一本游戏理论的书都没有，现在市场上没有游戏理论的书在卖了吧。"

B. "昨天我去逛了三个大书店都没有找到一本游戏理论的书，现在市场上没有游戏理论的书在卖了吧。"

看起来好像对的时候，这个归纳就是符合逻辑的。

说到归纳是符合逻辑的，其实更为正确的表达方式是"看起来（听起来）符合逻辑"，这一点在英语表达中更容易体现。

除了 That's logical，人们还会使用 sound（听起来像是……）之类的词汇，来构成诸如

That sounds logical.

That seems logical.

That appears logical.

That looks logical.

等各种各样的表达。

表达"只是貌似符合逻辑"（后边跟着"其实不然"之类的话）的时候则会用上 seemingly 或 apparently。

比如，"这个貌似符合逻辑的决定"就会说成 this seemingly logical decision。

现在教大家一点：在阐述道理的时候，"'对于对方来说'感觉好像是对的"非常重要。

当对方产生"如果这么说的话，这个结论倒的确合情

合理呢"的念头时,你的道理对他来说就是对的了。

如果不能让人觉得听起来对的话,你的道理"对于对方来说"就是不对的。

如此,就算说得再多也只是白费力气。所以,你要说的道理,对于对方来说,一定要正确。

> ■ 9》"'对于对方来说'感觉好像对的"非常重要。

> 就算一口咬定，说服力也不会变强

10 ▶▶▶

前一节中已经提及，推导出结论的方法让人觉得越正确，那么这个归纳看起来就会越"好像是对的"，当这种感觉"强烈"时，在英语里就叫作 strong argument。

相反地，"好像是对的"这种感觉"弱"的论证，叫作 weak argument。

这里的强（strong）和弱（weak），指的是让对方感到合情合理的感觉，是一种主观的、相对的东西，而不是绝对的。

并且，在这里需要大家注意的是，这和语调或者语气的强弱，完全没有半点关系。

也就是说，大家一定要注意不要产生"一口咬定的话说服力就会变强"之类的误解。

虽然在前一节中也举过有关"强弱"的例子，但是在这里我们再来多看几个吧。

分别对比下列每组中的 A 和 B，对你来说哪个是"强有力的议论"，哪个又是"软弱无力的议论"呢？

A. "今天早晨上班途中看见了一个戴白色发卡的中学生,在中学生中白色的发卡应该很流行吧。"
B. "今天早晨上班途中看见了八个戴白色发卡的中学生,在中学生中白色的发卡应该很流行吧。"

A. "麻衣每周都会迟到一次,所以麻衣可能今天也会迟到。"
B. "麻衣每周都会迟到三次,所以麻衣可能今天也会迟到。"

两个例子中,B 都是比较"强有力的议论"。
那么,下面的一组又如何呢?

A. "这个抽奖活动中,五个人中有四个会中奖。所以,我去抽的话应该会中奖吧。"
B. "这个抽奖活动中,五个人中有四个会中奖。所以,我去抽的话一定会中奖。"

这个例子中则是 A 更符合"强有力的议论"对吧。

而 B 这边则是因为使用了不恰当的断定,结果与其说它是软弱无力的议论,不如说变成了"逻辑不正确的演绎"更恰当。

■ 10》 不要误解了什么是强有力的议论。

> 如果缺少支持结论的部分,就没有逻辑了

11 ▶▶▶

"逻辑"的反义词是"非逻辑"(illogical)。

非逻辑除了表示"逻辑不正确"之外,也包含"没有逻辑"这层意思。

不过,当然不是什么场合都有逻辑存在的必要,比如说,如果单单是传达信息的话,其中并不需要有逻辑存在,因此,就算没有逻辑,它也不是非逻辑的。

也就是说,并不是所有没有逻辑的情形都叫非逻辑,只有在支持结论的必要部分缺失的时候才叫作非逻辑。

比如说,只说了"在工作场所一定要放上糖果盒",却不告知其理由的话,就是非逻辑的。

于是,以上关于"逻辑"的说明,你已经能够充分详尽地理解了吧。

下面,让我们来看看各种各样的例子,并思考一下哪个是逻辑的、哪个是非逻辑的吧。

〔另外,下面例子的"逻辑与否"并不是绝对的,拿其中的几个例子来说,你的判断(逻辑还是非逻辑的判断)可能和书中给出的答案并不相同。如果出现了不同,只

说明"对你来说",你的判断才是正确的——逻辑说穿了就是这样的东西〕

① 想做,所以去做。
说得通吧,是逻辑的。
② 想做,所以不去做。
没有道理,是非逻辑的。
③ 不做不行,所以去做。
思考和行动有着一贯性,说得通,是逻辑的。
④ 不做不行,但是,不去做。
思考和行动没有一贯性,是非逻辑的。
⑤ 我现在不学习不行,所以,我现在在学习。
是逻辑的。
⑥ 不做不行,但是,不想做。所以,决定不了做还是不做。
是非逻辑的。
⑦ 我现在很累,不是可以学习的状态。所以,不学习。
是逻辑的。

⑧ 我现在不学习不行。但是，我现在很累。所以，不学习。

思考处在混乱中，是非逻辑的。

> ■ 11》 需要逻辑的时候却没有逻辑的话，就是非逻辑的。

> 就算逻辑是正确的，如果道理说不通，还是没有意义

12 ▶▶▶

不正确的论证有很多种类,其中有一类在日常生活中被频繁地使用,那就是循环论证法(circular reasoning)。

reasoning 是"(导出结论的)思考方式"的意思。

因为循环论证法是一种在前提中包含了结论的阐述方法/表达方法,所以也叫待证论点运用法(petitio principii)。

其最单纯的形式就是,"因为 A 成立,所以 A 成立"。

这样自然是"逻辑正确"(道理请参照演绎相关的一节)的了,但是作为日常生活中道理的阐述方法,这样毫无意义。

因为这样的道理听起来没有正确的感觉。

■可以让人很好地明白什么是循环论证法的典型例子

A. "这幅画是色情的,所以这幅画是不道德的。"
B. "为什么这幅画是色情的?"
A. "因为它是幅不道德的画。"

这样一来,道理根本就乱成一团了吧。

■不容易看出是循环论证法的例子

"这个方案感觉不到成功的希望呢,(所以)这个方案行不通吧。"

使用贬义倾向的形容词(待证论点运用形容句)也符合循环论证法的特征。

来举一些印证这点的单纯例子吧。

"那是老好人的考虑方式。所以是不对的。"(说这种话的人,一般会省略后半句话。下边的例子也一样)

"那是懦夫的想法。所以是不对的。"

"那简直是缺乏经验的人才会考虑的事啊。所以是不对的。"

"这方案简直不可理喻。所以是不对的。"

像上边这样说,根本就没有表明不对的理由在哪里。

在"道理不好好说明白不行的情况"下,就像做数学的论证一样,正确地去说明的态度是十分必要的。

12》要注意循环论证法。

第2章 什么是逻辑思维

逻辑思维不需要『道具』

13 ▶▶▶

在第 1 章中我们说过，每个人都在下意识地（潜意识中）运用着逻辑思维，而这样思考大体上也没有什么问题。

有意识地运用逻辑思维，则是第 2 章的内容。

在接着往下讲之前，我们先通过例子来了解什么是有意识的逻辑思维吧。

桌上扣放着两张扑克牌，一张是红桃，另一张是黑桃。

抽出一张拿在手里，发现是红桃。

那么，剩下的一张是……？

当然是黑桃，对吧。

你刚刚脑中应该想到了"黑桃"。

这个时候你进行的思考就是逻辑思维。

此时的你，将应该可以推导出的结论给推导了出来。

将应该可以推导出来的结论给推导出来——这就是逻辑思维。

……呃，有点跑题了。

你在刚刚进行的思考中，有借助任何道具（工具）或手法的必要吗？

第 2 章　什么是逻辑思维

没有，对吧。

就是说，"对于逻辑思维来说，不需要道具，也不需要手法"。

你所需要做的，只是将应该可以推导出来的结论给推导出来而已。

很单纯吧。

——没错，逻辑思维就是这么单纯。

如果想得复杂了，就不是逻辑思维了。

那样只是杂乱无章地思考罢了。

——说到这，读者中可能会有人生出"不不，现实的问题可不总是这么单纯哟。没法单纯地思考不也是当然的么"这样的想法也说不定吧。

那么，让我来针对这种想法直截了当地回应吧。

这种人只不过是习惯了这种杂乱无章的思考方式罢了。

现实的问题也是单纯的。

只要找到什么是最重要的，并从这最重要的一点出发来看问题的话，就是单纯的。

又有点扯远了。

这一点相关的东西会在第 3 章说,所以先书归正传吧。

> ■ 13》 将应该可以推导出来的结论给推导出来——这就是逻辑思维。

> 推导单纯的结论就要单纯地

14 ▶▶▶

让我们回到原来的话题上。

来看看下面的例子。

> 有三张扑克牌扣着放在这里。
> 其中有一张红桃，两张黑桃。
> 抽出一张牌，发现是张黑桃。
> 把这张除外，从剩下的两张中抽出一张的话，这张牌（的花色）会是？

"这样不可能知道啊……没法确定是红桃还是黑桃呀。"

这样想的人，我猜会有很多吧。

如果这样想的话，这个人的思考稍微有些问题。

那就是自己钻牛角尖，觉得"答案只能从红桃或黑桃选一个"。

正确答案是，"红桃或黑桃"。

能把这个作为结论推导出来的话就说明他的逻辑思维是正确的。

如果要进行逻辑思维，就一定不要被诸如钻牛角尖、想太多以及进行无关的思考之类的行为左右。

单纯的结论要单纯地推导——只要这样就足够了，一旦考虑了其他的事情，就会变得不再是逻辑思维了。

比如说，"因为××，所以我应该每天都喝牛奶。所以就每天都喝吧……话是这么说，但是我不喜欢牛奶，真不愿意每天都喝这玩意啊……还是改成每周喝一次吧"，如果你这么想的话，思考根本就是乱成一团，这就不是逻辑思维。

实际上到底喝还是不喝、喝多少等之类的问题都是你自己应该决定的事，就算你作出非逻辑的决定也不会怎么样。但是对于刚刚的思考来说，如果你想将逻辑思维贯彻到底的话，就不要想更多的事，在"所以就每天都喝吧"这里结束思考就好了。

这样做的话，这个决定就是符合道理的，而你的思考也是逻辑思维了。

话说回来，如果决定不喝的话，就不能是逻辑思维了吗？

不，没有那回事，完全可以是逻辑思维。

比如说:

"我不喜欢牛奶,所以我不喝牛奶。喝牛奶的益处我从牛奶以外的东西(比如说奶酪)上也一样可以得到,所以就算不喝牛奶也没问题。"

这样的话就(算)有逻辑了。

■ 14》 不要想太多。

在逻辑思维中，让推导结论的方法正确是最重要的

15 ▶▶▶

我们来看下面这个例子。

你在读一本推理小说（侦探小说）。

设定是某公馆的古画失窃，而犯人就在登场人物当中。

里边有一个怎么看都可疑的登场人物 A 和一个感觉完全不可疑的登场人物 B。

比如说，你是这样想的：

"A 看起来最可疑。所以，A 就是犯人的可能性最高。"（α）

很有逻辑对吧。

这个思考就是逻辑思维。

又比如，你也可能是这样想的：

"B 看起来最不可疑。但是在推理小说中，看起来最不可疑的人物最后是犯人的情况比比皆是，所以 B 是犯人。"（β）

这样有逻辑吗？

如果"在推理小说中，看起来最不可疑的人物最后是犯人的情况比比皆是"这部分说得确实对的话，那么这个思考就是有逻辑的。

第2章　什么是逻辑思维

所以，这个也是逻辑思维。

α 也好 β 也好，推出结论的道理看起来都很可靠，所以都是有逻辑的——但是实际上，这本小说的犯人可能是 A，也可能是 B，也可能根本就是其他人。

就算对犯人的猜想没有中，α 和 β 也不会就变成没有逻辑的。

由逻辑思维推导出的结论，就算实际上不正确也没关系。

只要推出结论的方法正确，就足够了。

也就是说——虽然话题有点跳跃——逻辑思维并不一定意味着正确的决定或者正确的预测。

就算进行了逻辑思维，也不等于说一定会成功。

比如说，你看了股市分析之后，买了感觉会赚的股票，如果你觉得买这只股票说得通的话，那么你的思考和行动都是有逻辑的。

就算结果你赔个精光，也是有逻辑的。

或者，你看了股市分析之后，觉得这只股票不会赚所以没有买，如果你觉得不买这只股票说得通的话，那么你的思考和行动也都是有逻辑的。

就算结果你错过了大赚一笔的机会,也是有逻辑的。

> ■ 15》 思考是不是有逻辑,只关乎思考的问题,是否会成功则是另外的事。

不要有走一步算一步的想法

16 ▶▶▶

我们来看下一个例子。

这次用到的是推理谜题。

> 三个人进行了一次猜拳,结果是一人胜出或两人胜出。
> A:"B 出的是石头。"
> B:"A 出的是剪刀。"
> C:"我今年 20 岁。"
> 赢的人说的是真话,输的人说的是假话。
> 到底他们三人各自出的是什么呢?

这里要考验的,并不是你能否解开这道问题。

而是想要检查你为了解开谜题进行了怎样的思考。

所以就算答不出来也完全没关系。

只不过,如果想解题的话请思考 5 分钟左右。

现在来看看,你刚才是怎样思考的呢?

绝大多数的人都会从随机地去比照"每个人都出了什么"开始吧。

于是,有的人比照出"A 布、B 石头、C 石头"正好符合题目要求，就想着"这个就是答案了！"

也有的人比照出"A 布、B 布、C 剪刀"正好符合题目要求，就想着"这个就是答案了！"

不管哪个都没答对。

而且（这个才是重点），不管上面哪种情形，都不是逻辑思维。

用随机比照、试错之类方法的话，就算没有蒙错偶然碰对了答案，也并不是逻辑思维。

那怎样才算是有逻辑的思考呢？比如说，像下面这样的推理就是。

> 如果 A 和 B 都赢了的话，那么按照两个人的说法（都是真话），就会变成两个人出的不一样，却都赢了的情况。
>
> 如果 A 和 B 都输了的话，那么两个人的说法都是假话，这样就推出两个人出的是一样的，结果就是两个人出的都是布，C 出的是剪刀。
>
> 如果是 A 输、B 赢的话，由 B 的说法（真话）可以得出 A 出的是剪刀，而 B 赢了的话他出的就是石头，

> 这样就变成输了的 A 说的却是真话的情况。
>
> 综上所述,答案应该是"A 布、B 布、C 剪刀",或"A 布、B 石头、C 石头",或"A 布、B 石头、C 布"。

举这个例子要告诉大家的是,随机去蒙的思考方式、(不经过思考的)试错、以及走一步算一步的思考方式等,都不是逻辑思维。

而用上面的思路去思考,才叫(有意识的)逻辑思维。

另外,在解答上面题目的时候实际上检查了所有的可能性,但那是因为这道题目属于"必须检查所有可能性的问题"。

在各类测验中,经常会出这种类型的题。

尽管如此,实际生活中却很少有这样的情况。

所以请注意,不要产生"实际生活中的每个问题都必须检查所有可能性"这样的误解。

"一个不漏地检查所有可能性"和逻辑思维没有关系。

"只有在必须检查所有可能性的时候才一定要这么做"——仅此而已。

■ 16》 用推理来进行思考吧。

> 17 ▶▶▶ 以「开放的眼界」思考没有意义

"放开眼界去思考"？

这说法有些不知所云吧。

"放开眼界"听起来是个正面的说法，就好像有好处一样，但实际上，它只不过是个貌似正面的糊弄人的说法罢了。

真正有好处的不是"放开眼界去思考"，而是"捕捉至关重要的点"。

在现实生活中，"放开眼界考虑事情的人"实际上并不像他们所说的那样，而"只是单纯的思维混乱，或是将无关的或者不重要的事情混杂进来一起考虑"这样的情况居多。

结合具体的例子来思考一下吧。

这里有三种商品，你准备以价格为切入点来决定买哪一种（以价格作为选择标准去选）。

然后你判断 A 比较好，并决定买 A。

这样很有逻辑吧。

接下来却没有这么做，而是觉得"放开眼界来考虑比较好"去考虑多余的事情，比如"虽然从价格的角度来看 A 比较好，但是从外观上来看 B 更好一些呢"。这样，思考就变得乱七八糟了。

像这种事情,应该首先决定选择的标准。

也就是说,是从价格角度来选,还是从外观角度来选,又或者是从其他的角度……

一旦选择标准定下来了,就不必考虑其他选择标准了。

又比如说,在决定你的公司是否要与另外一家公司签合同的时候,这个合同本身对于你们公司来说是亏本生意,但是签了的话可以和对方构筑更好的关系——结果就纠结了,这样的情况很常见吧。

这种时候"放开眼界"有必要吗?

没有。

只要考虑到底什么是至关重要的就好了。

如果认为和对方公司搞好关系更重要的话就签约,如果认为不让自己公司做赔本生意更重要的话就不签,就这么简单。

■ 17》 千万要避免思考的混乱。

> 用数学来锻炼逻辑思维能力吧

18 ▶▶▶

擅长解数学问题的人，大体上也都非常擅于进行逻辑思维。

这是因为数学可以培养有逻辑地进行思考的能力。从小就开始用数学来为逻辑思维打基础很重要。

不过，你虽然已经不小了，但可能还是想着"就算从现在开始进行训练也好"吧（既然买了这本书，这种可能性就很高）。

进行训练的话，用初一级别的基本问题就足够了，但是，如果觉得到了现在已经没有解数学题的心情了的话，就用推理谜题来训练好了。

不要用碰答案的方法，而是真正用推理去解题的话，就算是推理谜题也足够起到训练逻辑思维的作用了。

因为推理谜题就是"思考推理玩"的问题。

现在，关于逻辑思维到底是什么这个问题，你是不是已经大体上明白了呢？

让我们来以各种各样的状况为例，来想想这些是不是逻辑思维吧。

☆根据经验来思考。这个怎么样？……是逻辑思维。

但是,"只要是根据经验进行的思考,都是逻辑思维"是不对的。

比如说,"我见过的公司老总只有一个,那个人个子很矮。所以,公司老总个子都很矮吧"。这样的思考,就称不上是有逻辑的。

☆在作陈述的时候,一边观察听众的反应,一边来微调哪里需要详细说明。这个呢?……是逻辑思维。

☆靠构思得出想法。这个?……不是逻辑思维。

☆在听某一种论调的时候,判断这种论调是不是说得通。这个呢?……是逻辑思维。

☆在解数学题之类(即演绎的问题)的时候,想着"大概答案是这个吧?"来靠运气碰出答案这样呢?……不是逻辑思维。

接下来的是半讲道理训练、半娱乐的难题。

"能够进行逻辑思维的话,就可以正确地推导出结论了"。

这么说对吗?

错。正好说反了。只有能够正确推导出结论的人,才能叫作"能够正确进行逻辑思维的人"。

看明白这其中的错误了吗?如果没有的话,再看看下面的类似话题大概你就明白了。

"如果成为绘画大师的话,那么(其结果)就可以变得画技非常厉害了"——这也是错误的。

只有画技非常厉害的人,才能够叫作绘画大师。

■ 18》 在作陈述的时候,根据听众的反应来改变说的内容吧。

自身的诉求/欲望有时会损害逻辑思维

19 ▶▶▶

这回再来看看别的情景例子。

> 你到某家店铺去买衣服。
> 你想要买"穿着不热的衣服"。
> 这时候店员要从以下两种行动中选择的话,选哪个才是对的呢?
> (1)向你推荐现在畅销的衣服,并说明这衣服为什么卖得好。
> (2)向你推荐穿着不热的衣服,并说明这衣服为什么穿起来不热。

答案是(2)。很明显这个答案是对的。如果店员没有推荐"穿着不热的衣服"的话,你就会去别家店了。

这个问题看起来每个人都能答对。但是在现实生活中,却不是每个店员都能采取正确的行动。

事实上,没有采取的情况可能更多一些呢。

没错,在现实中,更多的人会优先考虑自己的诉求,而不在意自己的行动对对方来说是否符合逻辑。

如果优先自己一方的诉求,那么人的行动和发言就会

变得没有逻辑起来。

下面的问题又有点"毁三观",大概绝大多数人都会答错吧。

> 你准备从某人那里买一只古董壶,你估计这壶至少值 100 万。
> 你觉得大概出到 120 万对方才会卖。
> 这时候对方说了:
> "80 万让给您吧。"
> 就这个价格成交的想法是符合逻辑的吗?

不,并不符合逻辑。

你觉得至少值 100 万的东西却想要用 80 万买,这是不合逻辑的。如果成交了,就是你的贪欲在作祟。

你的逻辑性败给了贪欲。

如果重视逻辑性的话,例子中的这种场合就必须做到金钱上的公平。

也就是说,不能以 80 万的价格成交。

具有逻辑思维的人,面对"80 万让给您吧"该怎么回答呢?

比如,这样回答就很好:

"这个壶至少值100万。所以不能用80万买下它。我给你100万吧。"

这才是逻辑思维者该有的态度、思考和发言。

> ■ 19》 交涉,应该是公平的(如果不公平,往往就会损害到逻辑性)。

> 逻辑思维靠构思得出想法，不是

20 ▶▶▶

☆靠构思得出想法,这个呢?……并不是逻辑思维。

再举几个跟这个相关联的例子吧。

☆构思出听上去说得通的说法,这个呢?……也不是逻辑思维。

但是,如果去检验构思出来的说法是不是说得通的话,此时的思考则是逻辑思维。

☆发现了看似违背常理的现象,进而为其思考一个看上去合理的理由,这个呢?……构思理由的部分不是逻辑思维,但检验这个理由是不是看上去合理的部分是逻辑思维。

☆出了什么状况时,(a) 列举出可能是原因的项目;(b) 将列举出来的项目一一排查,这两个呢?……(a) 不是逻辑思维。(b) 是逻辑思维。

以上的例子大体都是一回事,从思考开始后经历的流程如下：

- 构思想法——这个时候的思考不是逻辑思维。
- 由"你"从几个想法中挑选出一个——这个时候的思考，肯定也不是逻辑思维，但是如果不需要告诉别人你的选择是什么的话，逻辑思维也不是必要的。
- 你向其他人说明"为什么选了这个"——为了组织你的发言（开始说之前）需要逻辑思维。
- "听你说明的人"判断你说的道理是不是说得通——这个是逻辑思维。

说起来，话题不知不觉就变了呢，不过经过上述部分明白了吧——

在日常生活中，只要跟"说明道理"扯上关系就一定要用到逻辑思维。

（这里说的是有意识的逻辑思维，如果是无意识的情况下，不管什么时候都会要用到逻辑思维）

■ 20》 在日常生活中，只要跟"说明道理"扯上关系就一定要用到逻辑思维。

发散思维不是逻辑思维

21 ▶▶▶

本小节对理解逻辑思维十分重要。

但写的都是些"毁三观"的内容,所以随便读读,理解个大概就可以了。

看了第 18 节"用数学来锻炼逻辑思维能力吧"之后,为了锻炼逻辑思维能力而下决心去解算数谜题或者数学谜题(而不是像 18 节说的那样去解数学题或者推理谜题)的人大概会有不少吧,对于这些人来说,有一个必须要注意的点。

那就是,在算数谜题或者数学谜题类的书籍之中,收集有大量发散思维的问题,可是就算解开多少发散思维的问题,也不会对逻辑思维的训练起一点作用。

发散思维的问题,就是类似"1、2、4、7、( )——括号中应该填的数字是?"这样,"答案不止一个,而且某一个回答可以成为答案的理由实际上可以有无穷个"。

逻辑思维,用早些时候的流行语来说,就是线性思维,和发散思维是不同的。

发散思维（lateral thinking）声言"逻辑思维是过于狭隘的思考方式，按照逻辑行事的人不关注其他事情（非逻辑的思考），而现实生活需要考虑这些事情。"这种观念大约在半个世纪之前盛行一时。

在 Edward de Bono（1933—）写的 *The Use of Lateral Thinking*（1967 年刊）中首次使用到这个概念。

代表性的例文如：

Lateral thinking is illogical; vertical thinking is logical.

发散思维是非逻辑的，线性思维是逻辑的。

说起来，发散思维这个概念最初的出发点应该是皮尔士（Charles Sanders Peirce, 1839—1914）提倡的 abduction 这一概念。

abduction，就是运用 guessing（靠碰运气的推测），来给原因不明的现象赋予看起来说得通的解释的思考方式。

皮尔士当时认为这种方法是可以与演绎/归纳并称的另外一种推理方法——可结果几乎没人记得它（当然相关的专家还是记得的）。

不管是 abduction 还是发散思维，甚至解"脑筋急转弯"问题时候的思考，它们都是差不多的东西。

在这些情况下，着眼点的选择和大胆地猜想是思考的中心（话虽如此，由经验得来的下意识着眼点和猜想其实算是逻辑思维，所以线性思维和发散思维并不能说是毫无关系的不同东西）。

……但是，不管是不是完全不同的东西，在实际生活中只要肯动脑思考就无所谓了。

好了，闲话少叙，鉴于不太明白什么是发散思维的人大概多少还是有一些，这里再来举一个例子来说明吧。

比如说，在接下来的问题中——看一眼就知道答案不是唯一的，而其成为答案的理由实际上也有无限多的时候用到的思考（的一部分）就是发散思维。

【问题】

知更鸟、鸽子、洞蝙蝠、帝企鹅之中混着一个不合群的。请问是哪个？

α．不合群的是不会飞的吗？（如此着眼看问题的时

候用的思考是发散思维）

以这个为思路来验证（此时是逻辑思维）：

【答】帝企鹅（因为只有它不会飞，剩下三个都会飞）。

β．不合群的是哺乳类（如此着眼看问题的时候用的是发散思维）。

以这个为思路来验证（此时是逻辑思维）：

【答】洞蝙蝠（因为只有它是哺乳类，剩下三个都是鸟类）。

γ．不合群的是名字只有两个字的（如此着眼看问题的时候用的思考是发散思维）。

以这个为思路来验证（此时是逻辑思维）：

【答】鸽子（因为只有这个是两个字，剩下三个都是三个字）。

δ．说起来，虽然这个没什么所谓，但是知更鸟也可以是答案——到底如何着眼看这个问题，知更鸟才能变成答案呢？

川端康成的书的标题中使用过的只有知更鸟(《驹鸟温泉》,白杨社,1955 年)。或者,名字中有"知"或"更"的只有知更鸟,剩下三个中都没有。

> ■ 21》 就算解开发散思维的问题也不会锻炼你的逻辑思维能力。

> 思路不要随便去尝试转换

22 ▶▶▶

本节和前一节的内容有一些相似的地方。

尝试去转换思路（准备去思考之前从没想过的事）不是逻辑思维。

"转换思路"被大多数人视为是非常好的事，就好像真的效果非凡一样——实际上靠它大获成功的情况少之又少——其实从根本上来说也是一种瞎猫碰死耗子的思考方式，并不是逻辑思维，更别说一定是好事了。

尤其是，在解不开"用推理来思考很容易解开的问题"的时候，尝试转换思路只是单纯的浪费时间罢了。

不过，在解数学考试试题之类的时候，在某一种方法不是很奏效的时候换另一种解法——这个还是逻辑思维。

说起来，这原本也不过是遵循"用 A 不奏效的话就试试 B、B 也不奏效就再试试 C……"这样的（下意识的）模式来思考罢了。

也就是说，单单是变更一下解决方法的话，并不算是尝试转换思路。

不要把这种思考方式混淆为转换思路。

当然也不是就说"转换思路不是什么好事"。

比如，在做研究的时候往往会遇到只靠逻辑思维不够而需要转换一下思路的时候。

说句废话一样的话，就是"思路只有在需要转换的时候才要转换"。

说白了，就是"不要随便地去尝试转换思路"。

即，"需要进行逻辑思维的时候，一定要只运用逻辑思维"。

这种时候就像计算机一样思考就好——千万不可以考虑多余的事情。

结合一个例子来理解吧。

假设你现在正在解一道迷宫问题吧。

你试着从入口向出口走，在尝试了一些方法之后，发现并不顺利，有必要转换思路吗？

不，没这个必要。

只要把"迷宫只有尝试从入口向出口走才能解开"这种钻牛角尖的想法舍弃掉就好了。

说到底会抱有这种想法根本就是非逻辑的。

只要发现了这个错误就好,而并没有转换思路的必要。

> ■22》 需要进行逻辑思维的时候,一定要只运用逻辑思维。

要认识到思考中非常容易出现「逻辑的空缺」

23 ▶▶▶

日本人在思考问题时会有凭感觉来，或者说性急的一面（中国人也是如此，下同——译者注）。

即，有好像要一下子跳到结论去的倾向。

这种情况换句话说，就是思考中出现"逻辑的空缺"的倾向过于严重。

请大家自觉注意到思考中非常容易出现"逻辑的空缺"这件事，并时刻提醒自己进行"空白较少的思考"吧。

比如说，在商谈间歇的闲聊中，被问道：

"为什么日本人会在电车中睡觉？"

这时，你会怎么回答呢？

是不是会不经意地答道："因为睡着了也很安全"呢？

但是，这个回答有逻辑吗？

诚然，如果不安全的话肯定是没法睡着的，但是……

就因为睡着了也很安全，就算不困也会睡着吗？

肯定睡不着，对吧。

还有，如果觉得在电车中睡觉这个行为不对的话，就算睡觉安全也不会睡吧。

也就是说，"因为睡着了也很安全"根本就不能成为理由。

至少应该这样回答:"之所以睡着了是因为那个人很困,而且他觉得不管从礼仪的角度还是安全性的角度,在电车中睡觉都是没有问题的。"

这样才算是有逻辑的。

"因为困所以睡"是主要理由,这点是绝对不能落下的。

像"因为困所以睡"这样显而易见的事情,日本人往往就会给省略掉。

在思考的时候下意识地删除掉了。

于是,就产生了"逻辑的空缺"。

这种下意识地删除对日本人来说是一种习惯性的行为,所以一定要多多注意。

说起来,如果答"因为困了所以睡觉"的话,这种回答也显得太荒唐了。

这种回答为什么会是有逻辑的呢?

这将在下一节进行说明。

■ 23》 注意不要删除显而易见的事。

> **提问的时候让人理解你**
>
> **提问的缘由**

24 ▶▶▶

前一节的最后说到，如果答"因为困了所以睡觉"的话，这种回答也显得太荒唐了。

那么，这种回答为什么会是有逻辑的呢？

那是因为，"为什么日本人会在电车中睡觉？"这个提问本身就很荒唐。

在问什么事情的时候，一定要有这么问的缘由，而提问时一定要让对方理解这个缘由。

如果觉得用"为什么日本人会在电车中睡觉？"这样的问法就能让对方明白你想知道什么的话，那也太以自我为中心了。

起码应该问一些能让人明白你想知道什么的问题，比如"在日本我看见很多人都在电车中睡觉，就这么睡着了安全吗？"或者"在日本我看见很多人都在电车中睡觉，是因为睡眠不足吗？如果是的话怎么会睡眠不足到这个程度呢？在家里睡不足觉吗？"这样的问法就好多了。

来换到下一个问题：

"为什么在日本的电车里有很多大人在看漫画？"

对这个问题，就日本人的感性来说，他好像会这样回答："因为日本的漫画中有很多大人也能获得乐趣的内容。"

或者，"在回家的路上，即便很累也可以很放松地看"，大概这么答也可以。

但是，作为回答来说，其实哪个都不够有逻辑。

就算日本的漫画中有很多大人也能获得乐趣的内容，但如果没有喜欢漫画的大人，或者觉得在电车中看漫画不对的话，是不会有看漫画的心思吧，这样自然也就不会有在电车中看漫画的大人了。

还有，就算在回家的路上即便很累也可以很放松地看，还是一样，如果没有喜欢漫画的大人，或者觉得在电车中看漫画不对的话，是不会有看漫画的心思吧，于是，就不会有在电车中看漫画的大人。

<u>于是乎，有逻辑的回答至少应该是"因为有很多喜欢漫画的大人，其中觉得在电车中看漫画也没问题，并且也想在电车中看（因为想所以做）的大人也不少"这样才行吧。</u>

稍微简略点就是："因为想在电车中看漫画，并且也

在这么做的大人有很多。"更加简略的就是："因为在电车中看漫画的大人很多（所以经常会看见）。"

把这个和之前的提问放在一起看看。

"为什么在日本的电车里有很多大人在看漫画？"

"因为在电车中看漫画的大人很多（所以经常会看见）。"

这样的对话很荒唐吧。

明明回答是有逻辑的，对话却显得很荒唐，这是因为提问本身很荒唐。

面对"为什么这所学校学生这么多"这样的提问，回答"因为入学的小孩很多"看上去很有逻辑对吧？

"为什么在日本的电车里有很多大人在看漫画？"和这个是同一类型的荒唐问题——人们根本不知道你想问什么。

像"在日本的电车里有很多大人在看漫画呢，是因为有成年人的漫画吗？"或者"早晨的电车里没看见有那么多大人在看漫画，但是到了傍晚以后在电车里看漫画的大人就很多了呢。早晨没多少傍晚以后却有很多的原因是什么呢？"这样，提出让人能够充分理解发问缘由的问题才是对的。

日本人面对提问的时候,回答的内容没有逻辑的情况多有发生。(关于这点在第 3 章详述)

并且,有逻辑地回答的话就会变成奇怪的回答——日本人也经常会问出这样的问题来。

这点需要十分注意。

这里再给大家举一个很荒唐的例子。

(十几年前,日本的大街上曾经到处都是卖酒精饮料的自动售货机)

"为什么在日本,酒精饮料会在自动售货机里出售?"

用逻辑去思考的话,怎样的回答才是有逻辑的呢?

回答成:"因为在自动售货机中贩卖酒精饮料并没有被禁止,这种贩卖形式的盈利也很好,并且破坏售货机来盗取商品的事件也非常少"就差不多了吧。

这些回答都不用你说,都是理所当然的。

因为问题不好,所以这种废话回答才会成为有逻辑的回答。

应该问:"在日本,好像法律允许在自动售货机中出售酒精饮料呢。难道不应该禁止吗?说不定小孩子就买来喝了"这样,让对方明白你要问什么的问题。

会问出这样奇怪的问题(如果有逻辑地回答就会变成奇怪的答案),在追究表达问题之前,首先是思维上出了问题。

■ 24 》问出奇怪问题的时候,思维是有问题的。

第3章　谁都能做到的逻辑发言

发言/行动有逻辑非常重要

25 ▶▶▶

就算你有意识地思考，但一点逻辑都没有，如果仅此而已的话，那么从对外的角度来说完全没有任何问题。

因为你的思考既不会被别人看见，也不会被别人听见。

问题不在你的思考本身。

人们会通过听你说的话语、读你写的文字、观察你的行动来判断你的思考。

所以，话语和文字还有行动一定要有逻辑——至少要在别人看来有逻辑——才行。

比如说，你在为某个重要的行动做出决定时，凭你的心情或者是直觉来是完全可以的。

但是，在人们问你为什么做出这个决定时，可不能回答："只是感觉想这么做而已"或者"是直觉哟"之类的话。

因为，这样会让人觉得你是个非常没有逻辑的人。

在回答别人为什么这么决定的时候，不好好地把理由说清楚是不行的。

而且一定要说得让听的人觉得"原来如此，如果是这样的理由的话，这个决定倒是合情合理"才行。

这样做就可以充分展现你的逻辑思维能力。而且，能表明这件事的,也只有这些发言、文字或行动而已。

说起来,用直觉来判断什么事情或者做什么决定,其实大多数时候都是下意识的逻辑思维在起作用。

这些事情或决定背后都有着"说得通的理由",但是在大多数情况下,人们只是自己也不太清楚那个理由是什么,所以就觉得是直觉。

比如说,股市分析表明你买某一只股票比较好,而且这家公司最近的动态也提供了正面的佐证,但是不知为什么你就是没有买的欲望——这种经历你是不是也有过呢?

预感也好、直觉也罢,大体上其实都是意识之下的逻辑思维把你下意识的思考结果告诉了你而产生的。

在这种时候,自己好好思考一下到底为什么会产生这样的预感或者直觉会比较好吧。

因为这样做的话,可能就会发现潜藏在意识之下的理由。

进行了很多这样的潜意识探索之后,你就会变得越来越容易发现潜藏在意识之下的这些理由。

请一定要试一试。

当你变得可以很容易地发现意识之下的理由之后,在人们再询问你做某件事的理由的时候,你就会发现给出理性的回答变成了一件非常轻松的事。

■ 25》 直觉都是有理由的——去寻找这个理由吧。

26 ▶▶▶

「让别人觉得『这么说的话,的确没错吧』」

A："一定要××。"

B："为什么？"

A："因为必须这样啊。这么做是对的，是个人都应该明白。你难道不清楚这点吗？"

这样子完全不行。

总想着去说"正确的结论"是不行的。

因为所谓"正确的结论"只是"对你自己来说正确的结论"罢了。

让我们放弃这种想法，并以能让对方觉得"导出结论的过程看起来合情合理"的方式来论述吧。

"对你（论述者）来说有逻辑"不行，一定得是对听众来说有逻辑才可以。

这一点在第 1 章就已经说过了。

关于这一点我们再来看一个例子吧。

【例】

"如您所见，因为种种原因，我们决定上调 ×× 的价格。请大家多多理解和配合。"

这样说的话,谁也理解不了涨价的理由。

明明是不可能理解的事情,却拜托人"多多理解",从逻辑上来讲完全是一团糟。

没有涨价的理由却涨价是非逻辑的;有涨价的理由而涨价才是有逻辑的。

一定要表明自己属于后者才行。

也就是说,不出示涨价的理由是不行的。

只有让听众产生"如果是这样的话,涨价也是合情合理"的想法,对于他们来说涨价才是有逻辑的。

能让听众得出"涨价是合情合理的决定"这个结论的理由和资料都拿不出来,是没有逻辑的。

顺带一提,连涨价的理由也不听,就觉得"既然涨价了的话,就肯定有非涨不可的理由吧"。而自己认同了这件事的人……是像奴隶一样顺从、缺乏思考的人。

> ■ 26》 随意猜测理由并自顾自地认同,是非逻辑的做法。

27 ▶▶▶ 谈话方针根据对方的诉求来制订

让我们来迎合着对方的诉求谈话吧。

这里以交涉和讲演为例来进行说明。

首先,怎样进行交涉才是有逻辑的呢?

答案是——"怎样是有逻辑的,依对方而定"。

对方对你有怎样的诉求,这点是因人而异的。

迎合着当前交涉对象的诉求来进行交涉,这才是有逻辑的做法。

比如说,如果对方最看重的是谦卑的态度的话,就向他展示谦卑的态度。

又比如,对于要求有充分道理的人,就要把道理说明得充分。

再比如,对于要求有足够报酬的人,就给他足够的报酬。

不分谈话对象地用谦卑的态度待人;对方不想听你讲道理你却一直说;光谈关于报酬的话题等,这些做法都是非逻辑的。

那么,做讲演的时候说些什么、怎么说才是有逻辑的呢?

答案是，把听众想知道的事情，从他们最想听的开始依次进行讲述就是有逻辑的。

比如，学术报告应包括以下内容。

- 这个研究到底是什么？（对此，得出了怎样的研究结果）
- 针对结果本身的说明；
- 研究有什么新发现？
- 此研究结果有什么意义？

这些都是听众想听的东西。

因此，将这些东西通俗易懂地、简洁地依次表达出来——这样做就是最合情合理的。

讲演中必须要讲述的东西基本上来说在什么场合都是一样的。

- 将"这是一个关于什么的、怎样的讲演"简洁地而通俗易懂地陈述出来。
- 把其中的要点通俗易懂地、"有魅力地"讲述给大家。

说到这你肯定在想："什么啊，这样的话不用你说我也知道啊！"

没错。

所谓"有逻辑",其实就是把事情简单化。

对于"有逻辑的人"来说,事情都是理所当然的。

> ■ 27》 将理所当然的事情理所当然地去做,就是有逻辑的。

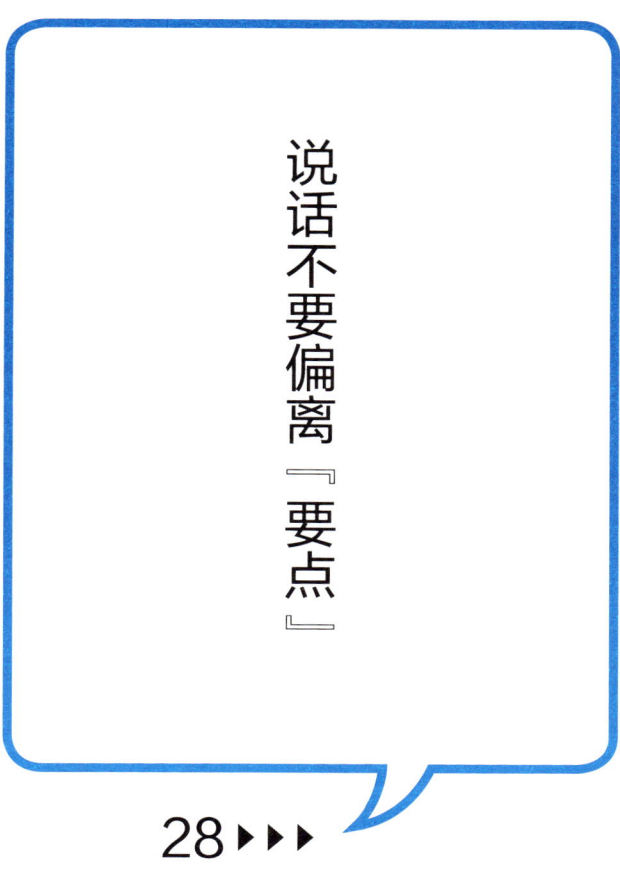

28 ▶▶▶ 说话不要偏离「要点」

第3章 谁都能做到的逻辑发言

说话不要脱离谈话的重点。

比如说，在发生了什么状况而讨论对策的时候。

对于 A "对策大概只有 3 种吧"的发言，B 如果说"不对，才不是 3 种。理论上来说应该有无限种才对"的话，是有逻辑的吗？

不，完全没有逻辑。

这只是在抬杠而已。

因为在这种情况下，"理论上有多少种"根本就不是谈话的重点。

顺便一提，如果 A 提出"对策大概只有 3 种吧"之后就不说话了，B 这时候问"是哪 3 种呢？"才是有逻辑的。

再举一个例子——

某个部门准备雇用一个干杂活的兼职，在面试了 4 个女孩之后，如果部长说：

"最后的那个女孩长着一张认真的脸，就她吧。"而 B 说："靠脸选人是差别对待呀。差别对待是万万不可的。"这是有逻辑的吗？

不，完全没有逻辑。这也只是在抬杠而已。

不看场合光说大道理并不是有逻辑的做法。

B 如果觉得别的女孩更好的话,就应该推荐出来,并说明那个女孩更胜一筹的理由。

比如可以这样说:

"第一个女孩更胜任一些吧?口才又好又勤劳肯干。干杂活的话,勤劳肯干的更适合一些吧?"

像这样根据情况来说,就有逻辑得多了。

■ 28》 不要脱离论点地讲大道理。

29 ▶▶▶ 关于逻辑结构的部分不能省略掉

首先重复一遍，只有当听众或者读者觉得"道理说得通"的时候，你的表达才是有逻辑的。

让听众和读者判断不出"从道理上是不是说得通"的发言和文字，是不会让人觉得"有逻辑"的。

听众和读者判断"从道理上是不是说得通"所需要的东西，你必须全都明确地提示出来——如果你想让表达显得有逻辑的话。

有些人却不是这样。

有些人在表达时，有把各种东西都省略掉的习惯。而且有喜欢推测的习惯，自己觉得"听众/读者能领会到我的意思吧"的地方，就给省略掉了。

其实，如果表达中有听众或读者"不得不去领会的部分"存在的话，这个表达听上去（看起来）就不会是有逻辑的。

听众和读者判断"从道理上是不是说得通"所需要的东西，你必须全都明确地提示出来——也就是说，跟逻辑构造相关的部分是不能省略的。

这一点是非常重要的。

比如下面的例子——

"昨天我钓上来的鱼有肺呢……所以那个一定是肺鱼。"

这么说的话根本摸不着头脑。

（推测着"这么说来，有肺的鱼就只有肺鱼吧"，并且自己就在那点头认同了的人，是不会觉得"摸不着头脑"的吧，但是自顾自地认同的人只是单纯的笨蛋罢了。关于这点的理由稍后再叙。）

要说为什么摸不着头脑的话，因为"有肺的鱼就只有肺鱼"这一部分并没有阐述，逻辑并不明确。

只有在阐述了这一点之后，逻辑才可以成立。

把与逻辑构造相关的部分省略了是绝对不行的。

因为省略掉了的话，表达就变得没有逻辑了。

而且，"有肺的鱼就只有肺鱼"，并不正确。

所以，觉得"有肺的鱼就只有肺鱼吧"，并自顾自认同的人只是笨蛋罢了。

如果推测出了对方没有言明的部分是这里的话，不确认一下"有肺的鱼就只有肺鱼吗？"是不行的。

对于推测的内容，一定要经过确认。

这才是有逻辑的态度。

■ 29》 省略是通往"非逻辑"的道路。

> 不要指望对方来领会你的结论或者要求

30 ▶▶▶

外国人经常说日本人不擅于沟通，这主要是因为日本人说明事情因果关系的能力太差。

具体说来，就是因为说明中省略的部分太多了。

关于这一点，看看下面这个例子就懂了。

■**在国外的情形**

日本上司说："这个文件，明天之前能复印出 10 份来吗？"

作为当地人的部下回答："能。"

但是，第二天并没有复印件。

日本上司问："让你印的复印件呢？"

结果当地的部下却回答："你没让我印啊？"

"这个例子说明，这件事情没做好是部下的问题"，如果你这么认为，那么你也是"典型的不会沟通的人"，你这样的人在国外肯定会引起各种麻烦。

上司的确没有让印——只是问了能不能印出来而已。

如果打算要复印件的话，在部下回答"能"之后，上司一定要说出："那么你能去复印一下吗？"这样的话才行。

这个例子是真实存在的情况，结果却是上司怒了，说：

"我明明让你做了。"

在国外的话，不管是让人办事也好，做什么也好，要传达的事情一定要亲口说出来才行。

不说出来的话，别人是没法知道的。这个日本上司却不知道这一点。

日本人总是想着"这种事情不用说对方也应该能领会才对"，而在发言中省略了很多东西。

这就是日本人不擅于沟通——至少在外国人看来是这样——的主要原因。

被省略掉的部分如果同是日本人的话可能会明白，但是外国人是不可能明白的。

说到这里，就顺便再补充说明一些跟本小节内容不太相关的东西吧。

并不是说外国人就完全不做"察言观色"这种事。

但是，他们不会觉得推测出来的内容就是"说过的内容"。

面对上司"这个文件的复印件，明天之前能弄好 10 份出来吗？"的问题，也有会说"能。要印出来吗？"的外国人，但是不会有问也不问就去复印的人。

■ 30》 没有亲口说出来，就不能算是说过了。

> 31 ▶▶▶ 不要根据推测的内容来进行反驳

"听起来不像是在做逻辑思考的人"是什么样的呢？

☆听起来不像是在做逻辑思考的人，其发言背后的依据是乱七八糟的，而他们自己并不会认识到这一点。

☆听起来不像是在做逻辑思考的人，会将各种事情混杂着考虑，并且混杂着说出来。

☆听起来不像是在做逻辑思考的人，（就算回答了也）会所答非所问。

在回答别人问题的时候，不要胡乱回答些你想要回答的东西，针对人家的问题作答才是正确的做法。

如果不这么做就是没有逻辑的。

不光是回答问题，回复别人发言的时候也是一样的道理。举个例子：

A："你的部门昨天相当嘈杂啊！"
B："是吗？我完全没在意啊！"

C："你的部门昨天相当嘈杂啊！"
D："你那边才更吵呢。"

E:"你的部门昨天相当嘈杂啊!"

F:"嘈杂一点碍着你什么事了?"

听了上述这些对话而不觉得"真是奇怪的对话"的人,在逻辑性这方面都有问题。

如果你没有"真是奇怪的对话啊"这样的想法的话,请好好再读一遍上述例子。再读一遍的话,也许就会感觉出哪里不对了。

B、D、F的发言奇怪的理由如下:

A并没有觉得嘈杂"很令人在意"。

而且,也并没有问B"你难道不在意吗?"这样的问题。

所以,B在这里回答些自己不在意什么的,说明B的思维(和发言)很奇怪。

C并没有说D那里是"最嘈杂的"。

所以D反驳"你那边才更吵呢"什么的,说明D的思维(和发言)也很奇怪。

E并没有在怪罪谁,只是单纯地说"很嘈杂"罢了。

结果F就单方面地觉得E在责问他而进行反驳,这样的想法简直不可理喻。

如果推断别人在怪罪你的话,在还嘴之前,起码要确认一下你推断的内容到底是不是属实(这才是有逻辑思维的人该有的态度)。

也就是说,如果F觉得E是在责问他的话,起码应该先问一句"然后呢?"来确认一下。

■ 31》 不要因为被害妄想而顶撞人。

32 ▶▶▶ 作出评价的时候一定要诉说理由

如果要作出评价的话（就算是随口说的评价也一样），一定要说明这么评价的理由。

　　这样听起来才像是有逻辑的发言。

　　比如，如果说"这幅画不错呢"，后边一定要跟着理由才对——就算是"画中右边女孩的表情很有魅力"这样的理由也行。

　　日本人说话有时让人感觉非常主观，"作出了评价就完了"这样的发言也经常出现。

　　各位读者不妨试试注意听一下周遭人们的发言。

　　在评价的后边还加上理由的人非常少吧？

　　仅仅是注意到这一点，也说明你的逻辑思维等级大幅上升了呢。

　　A：修理这东西有 5 万元足够了吧？

　　B："不行，这些钱不够啊。还需要更多。

　　像 B 这样讲话完全不行，这不用说大家都明白对不对？

　　他既没有说具体到底需要多少钱，也没说明为什么需要更多的钱——所以完全行不通。

在作出评价后不加上理由,如果是日本人之间的对话,基本上也不会出什么问题。

但是,如果是和外国人说话的话,就会出问题了——如果不诉说理由的话,你就会被当成没逻辑的人而被瞧不起。

尤其是英语国家的人,就算是随口一说的评价也会带着理由——可见他们是如此的重视逻辑——所以在使用英语交流的时候一定要时刻注意这点。

基于这样的原因,让我们来做一点英语沟通的练习吧(不过这本书并不是相关的工具书,所以并不会放上很多的英语练习题)。

【问题】

Mimi: So how do you like London, Kana?(香奈你觉得伦敦怎么样?)

Kana: I love it.(我很喜欢。)

香奈只是诉说了一下感想,这是日本人的典型发言。

如果是回答日本人的话,这样说很自然,而且也几乎不会有人说你的回答不够充分,但是作为英语的发言就不够充分了。为什么呢?

【答案】

因为缺乏理由。如果像下边这样说就好得多。

I love it, Mimi. It's a great city full of interesting sights.（我爱死它了。这是个充满了有趣景点的城市。）

从这个问题我们可以看出,有逻辑的发言并不一定非得是什么特别高大上的东西。

另外,日本人会在自己不注意的情况下说出"不是非常有逻辑的发言"。这点要引起大家充分的注意。

■ 32》"作出了评价就完了"是不够的。

> 需要多少理由视对方而定

33 ▶▶▶

理由要举出多少个才是合适的呢?

你能回答这个问题吗?

在回答之前,请考虑下面的情况。

当你被问到:"为什么喜欢这种香皂?"时,你开始思考理由。

理由有很多。

但是因为不管哪个理由内容都很抽象,所以,你也不太知道具体到底有多少理由。

随便列举一下,也能举出 10 个以上。

于是你就开始回答了:

"要说喜欢的理由,虽然数不过来,但是起码有 10 个以上。第一个理由是 ××……"如此这般地准备把所有的理由都列举出来。

这样做很蠢对不对?

这么说的话只会让对方烦死吧。

对于"列举多少个理由才是合适的"这个问题的回答,本书讲到现在其实已经不言自明了吧。

到底多少个理由才是合适的，视对方而定。

对于只需要一个理由的人就给他一个理由，需要两个的人就给他两个，需要三个……就是这么回事。

顺便一提，在日常会话中，一般有一个理由就足够了。

另外，如果你要考美国大学的本科或研究生的话，在考试中一定会出现需要写 essay（小论文）的情况吧。

大部分人都学到过，"支撑结论的理由有三个比较合适"，所以在美国写小论文的时候按照这个经验写就比较安全——当然也不是说因为你只写了两个理由就会扣你分。

还有，如果要说书写理由时的注意点的话，就是像"理由有三个。第一个是因为 A，第二个是因为 B，第三个是因为 C"这样写是不行的。

因为这样太冗长了。

"不得废话连篇"，也是书写英语文章时的铁则之一。

"书写同样的内容字数越少越好"是大方向。

也就是说，要写成"原因有 A、B、还有 C"这样才行。

最后，写论文时不要用设问句。

比如像"为什么是 ×× 这样呢？那是因为○○，所以……"这样的句子就不合格——太冗长了。

"造成××的原因,是○○"

要这样写才对。

> ■33》 知道规矩的话,就容易写出有逻辑的文章了。

34 ▶▶▶ 阐述好事实和结论之间的联系/关联

在日本人的发言中，听起来没有逻辑的情况十分常见。

主要的问题类型会在第 39 节之后以一览表的形式展示，而本节要说的主要是其中一点：

在"逻辑性"这点上，日本人的发言中最大的问题，也是最核心（因为会引出其他的问题）的问题，就是"逻辑的空缺非常突出"。

关于这点，我们曾在第 2 章讨论过。

用发言来举例的话，就是在"因为 A，所以 B"这样形式的发言中，A（事实）和 B（结论）之间的联系／关联并不明确，于是就变成了典型的逻辑空缺的发言。

但对于发言者来说，A 和 B 之间的联系／关联并非是不明确的。相反，他们觉得这些东西应该是不言自明的，所以才省略掉。

既然是这样，那么这个问题解决起来就简单又直接了：

把 A 和 B 之间的联系／关联好好说出来就行了。

只需要做这么点事，发言就变得有逻辑了。

即：就算逻辑结构是显而易见的，在说话时也不要省

略掉与逻辑结构相关的部分，全部讲出来就对了。

【例】

"日本现在正处于××状况之中，所以我们必须要○○才行。"

在逻辑思维训练有素的人听来，这是十分奇怪的发言。

××和○○之间的关系一定要说清楚才行。

比如，要说明为了改善××这一状况，必须以什么目的做什么样的事；然后说在这些事情中○○是最合适的；并且还要说明为什么○○最合适。

只有把这些东西都说出来，发言才能变得有逻辑。

那么，来看看下一个例子——

"因为这个新商品的箱子是粉色的，所以（商品）一定会大卖。"

这听起来好像缺了点什么，缺什么呢？

"为什么箱子是粉色的就会卖得好呢"——缺少理由。

这是不说不行的。

还有别的例子——

"这家店的展示做得真好,(所以)生意一定不错吧。"

这个发言也完全不够充分对吧。缺了些什么呢?

首先,凭什么说展示做得好?没有说。然后,展示做得好和生意好能联系起来的理由也没有说。

把这些都阐述出来的话,发言就会足够有逻辑了。

> ■ 34》 出现了逻辑空缺的话,只要把省略的部分说出来就解决了。

> 把『我』去掉，客观地进行阐述吧

35 ▶▶▶

下一个问题点是，日本人经常只作出评价，而不阐述这么评价的理由。

明明想阐述意见，却变成主观的评论而不是意见了。

意见一定要客观地阐述出来。

因为是"我"的意见所以没法不主观——这是不对的。

日本人之所以会有这种习惯和偏好，大概是由于在童年时期写感想文的时候，只抒发心情，而不据理书写造成的吧。

日本人的发言总是非常感性。

于是，就算到了不得不据理写作的时候，也只会写些自己的感觉——诸如"不愿意""觉得不好""很高兴"之类……在写下这些词的情况下，大部分主语都是"我"，结果就成了"我"的想法。

来举个例子——

A："那个规则可不怎么样啊，只会让人觉得烦而已，能去掉就好了。"

包括最后的"能去掉就好了"这个基于自身的愿望在内，A的发言充满了自己的想法，这就构不成意见了。

把"我"去掉的话,比如像下面这样,就可以称为"意见"了。

A:"那个规则从××的角度来说不是很好。应该去掉,因为○○"

再看下一个例子——
A:"在东京站附近有个水泥地面的公园。我更喜欢泥土地面的公园啊。现在公园里铺成水泥地了,我觉得好失落。"

这样说连一点意见的影子都没有。
如果觉得"铺水泥地的公园必须改回泥土地面"的话,就一定要把这句话原封不动地说出来。
并且,还得阐述"必须改回来"的理由才行。
"A是不是喜欢""A是不是觉得失落",这些跟水泥地面的公园必须改回泥土地面的理由都没有半点关系,所以这些话都是废话。

■ 35》客观地陈述意见吧(虽然是"我"的意见,但是要脱离"我")。

不要武断地发言

36 ▶▶▶

下一个问题点是，日本人经常作出武断的发言。

大多数日本人在觉得"A"的时候，总是会说"我觉得A"，而不说明其理由。

比如，在觉得"这个方案不是最佳方案"时，（大多数日本人）就只会扔下一句"我觉得这个方案并不是最佳方案"。

再比如，觉得"这个成绩很不错啊"的话，就单单说一句"我觉得这个成绩很不错啊"。

还比如，如果觉得"这个假说应该成立吧"，就除了一句"我觉得，这个假说应该成立吧"之外什么都不说。

为什么会这么觉得，理由从来也不说（除非别人问了"为什么"才会说）。

日本人非常缺乏说明理由的意识。

如此一来发言就显得非常武断（这也是小时候写感想文只抒发情感的后遗症之一吧）。

因为很重要，所以再强调一遍：一定要阐述理由。

而且，说话也别总带着"我"了。

A和"我"一点关系都没有。

也就是说,"这个方案是不是最佳方案"跟"我"没有关系。

"是不是好成绩"跟"我"没有关系。

"这个假说是否成立"跟"我"也没有关系。

所以,说话总带着"我"的话,就会让人觉得这是没有逻辑思维的人的发言。

发言时把"我"和"觉得"去掉,只说 A 和其理由就好。

也就是这样:

"这个方案并不是最佳方案。(要说为什么)是因为××。"

"这个成绩很不错啊。因为××。"

"这个假说应该成立吧。因为××。"

这么说就显得好多了。

请看下面的例子:

"这个日程安排……能不能想想办法啊?"

这样的讲话并不是有逻辑的建议,对吧。

那得怎么改才能变成有逻辑的建议呢?

比如说，这样就可以：

"这个日程安排不行啊，因为××。比较而言，安排到○○更好吧，这样就可以△△了。"

> ■ 36》 意见中带着"我"的话，听起来就像没有逻辑的发言了。

37 ▶▶▶ 不要无视对方的发言

下一个问题点是，日本人说话时经常无视对方的发言。

当然，并不是真的不管对方说什么，而是在很多对话中，发言的形态构成了无视的格式。

这也是由于"习惯于省略不言自明的东西"造成的。

A："他很适合这个职位呢。"
B："但是他还是太年轻了啊。"

虽然 A 因为没有说明为什么适合而使得自己的发言没有逻辑，但是这里先不管 A 的问题，让我们单看 B 的发言问题出在哪。

B 无视 A 的发言而在自顾自地发表自己的看法。

首先，应该对 A 发表的看法做出回应才对——比如"我可不这么认为啊"这样。

然后，关于"他还太年轻"的说明也不够，没说出因为太年轻会导致什么后果。

如果 B 觉得他因为太年轻所以没法胜任这个职位的话，就一定要说明为什么太年轻就不行。

A:"他很适合这个职位呢"。

B:"我可不这么认为啊。他太年轻了没法胜任吧。因为过于年轻就会〇〇呢。"

这么说话,B就没有无视对方的发言,并且,还做出了足够有逻辑的反驳。来看下个例子:

部长:"刚才的会议上好多废话,累死人了啊……"
部下:"但是也做出了有意义的决定呢。"

部下(在格式上)无视了部长的发言——因为他的回应中完全没有提及废话多不多,或是累不累的事情。

如果不想造成无视的样子的话,在回话中这两者起码要提到其一才行吧。

比如:

"是是,是说了不少没用的呢。但也不是一点有用的东西也没有呀。至少还是做出了有意义的决定呢。"

"是是,您受累了。但是相对的,做出了有意义的决定呢,您也没白受累呀。"

这么说就好多了。

虽然从"没有说明为什么可以称得上是有意义的决定"这点来看,还有改善的余地,但是抛开这点不谈的话,这已经算是足够有逻辑的回应了。

> ■ 37》 要十分注意说明不足的问题。

38 ▶▶▶ 不要所答非所问

下一个问题点是，面对别人的问题经常所答非所问。

当然，实际上其实是回答了——或者说，想着去回答，但看起来却并没有在回答问题。

这主要是因为总是喜欢对别人问题的本意和"领会的"内容进行回答的习惯在作祟。

不要去回答别人问题的本意和"领会的"内容，要对问题本身进行回答才行（否则你的发言就变得没有逻辑了）。

在听到下面的对话时，大部分日本人都不会觉得"B的发言很奇怪"，这种感觉必须要修正。

A："没法在这个项目上投资吗？"
B："你不知道我们公司现在财政状况不好吗？"

人家在问你能投资还是不能投资，所以 B 应该首先回答"可以投资"还是"不能投资"才对。

在别人向你提问时，不要还以问题——

这是基本的原则（当然，不明白别人问的是什么意思时除外）。

如果想发问的话,也要等回答了对方的问题之后再说。

用问题来回答问题的话,只会让人觉得你是个在逻辑思维上有问题的人。

A:"这个企划终止掉比较好吧。企划开始实行后销售额一落千丈不说,在那之后也不见有任何好转。"

B:"这些我都知道啊。不过,难道不应该再稍微观察一阵子看看效果吗?"

在这个例子中,B并没有就"是否应该终止"作出回应。

应该先把这个说出来才对(既然说了"应该再稍微观察一阵子"就说明不认为"应该终止掉",这是明摆着的事,而这种不言自明的事省略掉不说也是可以的——抱有这种想法是不行的)。

然后,如果觉得不应该终止的话,这样做的理由也必须说出来。

因为应该再观察一阵,所以不应该终止,这个从道理上根本说不通。

如果说应该再观察一阵子的话，也得说出之所以要这么做的理由才行。

> ■ 38》 面对别人的问题，不要用问题来回答（如果想提问的话，在回答了对方的问题之后再问）。

想知道什么就直接问出来

39 ▶▶▶

下一个问题点是，人们的提问和评论有时显得很奇怪。

主要体现在想知道什么总是绕弯子而不直接说，而出现这种情况的原因就是前边说的"省略了不言自明的东西"和"逻辑的空缺"。

想知道什么就不加修饰地直接问出来。

还有，发言的意图也要说清楚。

A："日本的教育还有很大的改善余地，有这种批评的声音出现呢。"

B："嗯，同意。"

这样的对话简直不知所云。

A 只是说有这样的批判声音出现，却完全没有说自己是怎么想的。

从这句话完全看不出 A 发言的意图是什么。

如果说想听听对方关于这件事的看法的话，就应该照实问"关于这件事，你怎么看？"

而且，A 明明没有在问 B 的看法，B 却不知道为什么在那赞成起来了。

因为 A 的意图并不明确，所以在这个发言之后如果 A 什么都没说的话，这时候 B 就该问一句"所以呢？"才是合适的反应。

A："现在准备决定采用 Y 的计划了，有没有人反对？"
B："虽然也不是要反对，但我还是觉得我的计划书要更好一些。"

B 的发言作为对"有没有人反对"的回应来说简直不可理喻。

如果要反对的话就直说，如果不反对的话就不要说"虽然也不是要反对……"这样的废话。

将心中想表达的意思照实说出来就好。

不要加上什么修饰之后再说。

也就是说，要表达 X 这个意思就不要把它说成 Y（想传达 X 这个意思的话，不把 X 说出来是不行的）。

这才是据理进行说明的基本。

来看看这个快被用滥了的例子。

A："20号之前能弄完吗？"

B："有难度……"

如果A是日本人的话，大概能听出来B的回答是"不能"的意思。

但是A换成是外国人的话，"不能"的意思就传达不到了。

这种时候，A就会因为没法明白B到底是"有难度，但是可能"，还是"有难度，所以不可能"而闹心死（不会有外国人会自顾自地一口咬定是"有难度，所以不可能"的意思的）。

再举个例子——

"我会考虑一下的"（现在不知道有没有发生什么变化，要是放在以前的话，把"我会考虑一下的"当成"不"的代替说法的人可不占少数）。

如果根本没打算之后再考虑一下，就请不要这么说。

如果这么说了的话，之后就一定要再考虑一下。

总之，要时刻谨记，想传达什么意思就照实说出来。

人一旦养成了说什么话都要修饰一下的习惯,再想说明道理的话,就会因为突然背离了日常的习惯,而变得很难准确地表达自己的意思。

> ■ 39》 如果要反对的话,就要好好地把"反对"两个字说出来。

至此,发言听起来没有逻辑的主要情形都已经讲完了,主要包括以下类型。

- 逻辑空缺
- 意见阐述不客观
- 发言武断
- 无视对方发言
- 所答非所问
- 提问和评论有时显得很奇怪——因为发言和想法存在偏差

对于上述这些问题要如何避免和改善,也已经都在文中讲述过了。

第4章 逻辑发言的技巧

> 发言充满理性和智慧就会听起来有逻辑

40 ▶▶▶

充满理性和智慧的发言会让人觉得有逻辑。

相反的,蠢话连篇的发言则不会让人觉得有逻辑。

说话时请融入理性和智慧。

就是"要时常冷静地、依靠理性并像智者一样发言",或者"不要大嗓门、全身使劲、放任感情牵着鼻子或者像劣等生一样说话"的意思。

来举个例子。

说"学数学根本一点儿用都没有,在数学课上学的东西在踏入社会之后一次都没用上过"这种话的人很少。

因为说这种话的话,会被人当成没有逻辑思维的人——何止是有没有逻辑思维的问题,这么说只会被人当成笨蛋吧。

人不光要尊重逻辑和道理,而且要尊重知识和学问,否则是不行的。

而且,要能够说出符合尊重这些人身份的发言。

只有尊重这些东西才会被看作是有智慧的人、头脑聪明的人,这样你才离被看作是具有逻辑思维的人更近一步。

另外,"学数学根本一点儿用都没有,在数学课上学的东西在踏入社会之后一次都没用上过"这种发言本身就很奇怪。到底哪里奇怪呢?

①这句话暗含了"我踏入社会之后没用过的学问,都是没用的学问"的意思。

这种人把"自己没用过"这个个例放大成了普遍现象,这是非常极端的做法。

②这种发言还包含了"我没把数学弄明白到我能应用的地步"的意思(听起来就像在宣称自己是个不知天高地厚的笨蛋一样)。

③还有,"数学是为了应用而生的学问"也是其潜台词之一,这就表示了他没发觉——而恰恰大部分人都发觉了——数学能培养人的逻辑思考能力这一事实(这果然还是在宣称自己是个不知天高地厚的笨蛋嘛)。

这种发言听起来很奇怪的理由除了①②③之外还有很多吧。

总之是会让人听了之后觉得"唉,果然不好好学数学的话,就会变成这样脑子一团糨糊的人呢"的发言。

> ■ 40》 不但要尊重逻辑和道理,更要尊重知识和学问。

41 ▶▶▶ 使用科学的说明,是增加说服力的捷径

第4章 逻辑发言的技巧

科学的发言听起来充满理性和智慧。

多采用科学的发言,会使你的说明听起来更有逻辑。

比如说,在展销会上——

解说员:"这种新产品很好喝哟。"
参观客:"为什么?"

这时解说员如果说"我觉得很好喝"或者"我喝过很多次了,但是每次都会觉得很好喝"之类的话,是完全没有说服力的吧。

就算说"很多人都说很好喝"也一样是没用的。

但是,如果像下面这么说的话,多少就会有些说服力了吧。

"这个产品里边含有○和△(两个都是化学物质名),所以在表现出浓厚口感的同时还能给人以清爽的味觉刺激。"

"科学的"并不意味着就一定要使用一堆理科用语。

比如说,下列对话中 A 的说明,也一样是科学的。

顺便请大家思考一下,这里所说的"科学的"是什么意思(跟"有分析的""有依据的"意思相近对吧)?

"就算是文科的学问,也必须是科学的"——跟这个表达中的"科学的"是一个意思。

A:"这本小说很有意思哟,推荐你也看看。"

B:"哪里有意思啊?"

A:"每个章节都很短小精悍,故事的展开很快,所以不会腻,也没有一个让人不爽的登场人物,所以读起来感觉很舒坦;而且,故事的发展方向也很简单易懂,因此,即便对故事的走向抱有很大期待,后边的展开也不会辜负你的期待,所以很有意思。"

另外,在说明中列举数字(统计值)也会有"科学的"感觉。

比如下面的例子中,比起 C 来,D 的说明就更科学,说服力也更强。

C:"以我的经验来看,女生的空间思维能力比男生更差一些呢。"

D:"在某中学生中进行了关于空间图形的 100 分满分的测验,结果显示,女生的平均分比男生低了 10 分以上。看来女生的空间思维能力比男生更差一些呢。"

■ 41》 尽量列举出数字(统计值)。

42 ▶▶▶ 发言也需要『数学的正确性』

第4章 逻辑发言的技巧

想要去作出"逻辑正确的"发言,却不太明白怎样的发言才能称作逻辑上正确——这样的人也不是没有吧。

对于这批人来说,只要考虑着作出"数学上(数学论证意义上的)正确"的发言就可以了。

其实大体上也是差不多的事情,于是这样考虑就简单易懂得多了对不对?

让我们带着上述观点来看下面的对话:

A:"你为什么要××啊?"
B:"对不起,以后再也不敢了。"

这样的对话在日本简直比比皆是,可是……稍微想想看。

B的回答有逻辑吗?完全没有逻辑对吧。

既然被问到"为什么做"了,回答"为什么做"的理由才称得上是有逻辑。

把"数学上正确"换一种说法,就是"只从字面的意思来看会话也可以成立"(就像在论证中写下正确的步骤一样)。

比如说,面对"为什么做那样的傻事?"这样的质问的时候,不应该用"换了你也一样吧?"或者"你管得着吗?"这样的回答,而应该回答"因为××啊"或者"这不是什么傻事哦"才对。

这样一来提问和回答之间就没有空缺,变得有数学上(逻辑上)正确的感觉了吧?下面让我们看看别的例子:

A:"这件衣服真是魅力出众啊。"
B:"哪里哪里,只是便宜货而已。"

C:"为了犒劳大家一定要X。"
D:"不对,Y才更好吧。"

B说的是跟有魅力与否完全无关的话,发言显得根本不知所云;而D的发言从数学角度来讲(如果看成数学上的论证的话)显得支离破碎。

为什么这么说呢?因为只看字面意思的话,这两组对话根本不成立。

想要仅靠字面意思就使对话成立的话,就一定要使用对方表达中的最重要的部分。(虽然不这么做对话也不是绝对不成立;但是对于不是非常理解逻辑的人来说,如果不想让发言变得没有逻辑,还是用上比较安全吧)

也就是说,如果像下面这么说就变得数学上(逻辑上)正确了。

"如果是要犒劳大家的话,比起 X 来,Y 更好吧",或者"必须要做的是在事前提高大家的积极性,而不是想着过后怎么犒劳吧",等等。当然了,说完这些后边一定要附上理由,这点应该不用再提醒了吧。

■ 42》 尽量让对话仅从字面意义上就可以成立。

43 ▶▶▶ 说话要怀揣自信、理直气壮地说话

本节和下节都是使用英语交流时的注意点。

为了能让你的意见在国际社会通用（参照前言），了解这些内容十分重要。

日本人在说话的时候总是尽量显得谦虚，但是很多时候在外国人看来，这只是自卑的表现。

这点要充分注意。

显得自卑的话，就不像是具有逻辑思维的人了。

假设你在用英语商谈的时候，被问到了什么事情的理由。

你下意识地觉得只有一个理由的话大概不太好，可是能有自信答出来的理由你又只能想出来一个。

这时候怎么说才好呢？

"虽然只想到了这一个理由……"这么说的话就显得很自卑，所以不行。

像这种时候只要单纯地用 It's mainly because… . 之类的表达就好了。

因为，如果是你能自信满满回答的理由的话，那么这个理由当然很重要；而且，如果你只能想到这一个理由的话，那么至少对你自身来说，这是个主要的理由。

然后，在说出这句话的同时，或者是在听对方对这句话的回应的同时，你的脑中可能就会自然而然地浮现出其他的理由了。

这就稍微有点理直气壮的感觉了。那么，你觉得这么说话很难为情吗？

如果你这么觉得的话，请努力把这种想法从你脑子里剔除出去（其实就算不用那么努力，最后你也会自然习惯的）。

说英语的时候，理直气壮、自信满满地说话是好事。

当然如果显得傲慢自大的话，即便是在英语圈也是不行的，所以，只要自然地理直气壮就可以了。

但是注意一点，明明对要说的内容没有自信却装作自信满满的样子去说，是不对的。

对要说的内容没有自信的时候，一定要把没有自信这件事明说出来（但是，就算是这种时候也不要显得很自卑）。

这种时候用 Maybe it's because... . 就足够了。

这样完全可以把没有自信的意思传达出去。

想表达"只是有一点点没自信"的时候怎么说比较

好呢?

这种情况下只要在句末加上 I think 就可以了,简单吧。

这样就可以清楚地表达"只是有一点点没自信"的意思。

【例】

It's because of the rain, I think.

虽说这是一个使用 I think 的例子,但是关于 I think 还有更重要的、不得不写的注意事项。

请看下节。

> ■ 43》 就算是诉说没有自信的意见,也不要显得自卑。

44 ▶▶▶ 正确传达你的『确信度』

第4章 逻辑发言的技巧

继上一节之后，本节也是介绍使用英语时的注意点。

日本人（近乎病态地）喜欢用 I think，在被询问意见的时候，几乎句首必加 I think，总是说 I think....

他们在不确信回答的正确性时用，在确信回答的正确性时也还用。

在旁边听着这种 I think 连发的发言，你会觉得非常"奇妙"。

首先，在确信的时候还使用 I think 是错误的用法。

因为这样说的话，就会让人产生"为什么这个人明明确信这个事，却想传达自己不确信的意思呢？"的疑问，发言就变得不明所以了。

所以，这种表示确信度的方式根本不明确。

然后，虽然在对回答内容没有自信的时候用 I think 没有错，但是，在回答单纯关于事实的提问（比如"日本最……的是什么？"）时也用 I think 就显得很奇怪了——人家明明问的是一个事实，你却在回答你主观的看法。

于是，在这种时候，不用 I think，而用下面的表达方式回答就显得自然多了。

比如：

如果你想表达"很可能是 X 吧"的意思，就可以用

It's probably X.

如果你想表达"也许是 X 吧（但是可能性不大）"的意思，就可以用

Maybe it's X. 或者 It might be X.

如果你想表达"有可能是 X 也说不定"的意思，就可以用

It could be X.（跟 It might be X. 的确信度一样）

如果你想表达"大概是 X，并且有充分的可能性"的意思，就可以用

It may well be X.

如果你想表达"应该是 X"的意思，就可以用

It should be X.

……总体来说，就是使用助动词或者副词来表示确信度。I think 是不需要的。

另外，在表示赞同对方的意见时也有要注意的事情。如果想表示完全赞同对方的意见，就不要用 I think

you're right.

因为这么说就成了"大概就像你说的那样吧"的意思。

如果完全同意的话，只有用 You're absolutely right. 之类的表达，才能正确地传达出你的意思。

还有，使用 I think so. 时也要多加注意。

因为这个表达是"暧昧地肯定"的意思（跟汉语的"嗯，是吧"差不多一个程度）。

所以，如果你想表达 100% 同意的意思却说 I think so 的话，你想表达的意思是没法传达给对方的（顺便一提，想简短地表达 100% 同意的意思的话，直接说 Right. 就 OK 了）。

假如日本人都抱着"还是别用 I think.... 了"这种想法，反倒能更正确地运用英语吧。

下面来看两道练习题。

【问题 1】

"（都已经）3 个小时了，我觉得我们还是放弃比较好吧！"

这个用英语应该怎么说呢？（注意虽然有"觉得"但是不要用 I think）

【答案】

It's been three hours. We might as well give up.

【问题 2】

"不觉得他们的态度有哪里不对劲吗？"

"倒是也没觉得比平时更不对劲"（暗含"平时也不对劲"的意思）。

这个用英语应该怎么说呢？（第二次强调！注意虽然有"觉得"但是不要用 I think）

【答案】

"Don't you think they were acting kind of funny?"

"No more than usual."（暗含"平时也不对劲"的意思）

■ 44》 说英语的时候，用助动词和副词来表示确信度。

45 ▶▶▶ 不要说自相矛盾的话

"你说的没错。但是……"

类似这样的发言——认同了对方的正确性之后，却提出反对的意见——在日本很常见。

这显然是一种矛盾发言，是没有逻辑的。

如果想阐述反对意见的话，就不要（全盘）认同对方是对的。

就算不是全盘认同，接上"如果"这样的转折句子也是通顺的。

比如这么说，"在……这点上的确如你所说。"这样，在认同了不重要的点之后，就重要的点提出反对意见……这样就不矛盾了，所以 OK。

还有，"虽然看起来是这样，但那只是表象，实际上……"等等，根据不同的状况可以衍生出各种各样的表达方式。

另外，喜欢"Yes, but..."这种表达方式的人，在日本可谓满大街都是。这点只要看看面向外国人的日语教材就可见一斑，里边写着"不要直接拒绝人，用 Yes, but... 这种委婉的表达方式来拒绝比较好"的教材不占少数。

还有,在新员工培训中教育大家要使用"Yes, but..."的公司也多如牛毛。

这里需要强调的是,"Yes, but..."(but之后接着全面否定)绝不是什么"委婉"的表达方式。

这完全是一种表面上好像展示了认同对方意见的态度,实际上却强烈传达着"你说的话我一个字都不认同"这样潜台词的表达方式。

这种表达方式背后隐藏的"无视道理的非逻辑的强硬态度",让外国人(尤其是英语国家的人)非常不爽。

"Yes, but..."(but之后接着全面否定)还是不要用比较好。

[类似的注意事项]:在英语中,如果想表示"我在听"的话就不要说yes。

尽管使用yes来表示"我在听"的日本人非常多,但其实这是误用。yes在英语中从来不是"没有实在意义的语气词"的意思。

在对方说话的时候为了表示"我在听"而无数次地回答yes,结果等对方说完了却用But...打头开始反驳,这是非常矛盾的说话方式。

如果想表达"我在听"的话,用"嗯"或者 Uh-huh 之类才对。

■ 45》 不要说"你说的没错,但是……"

清楚明白地表达

46 ▶▶▶

意义不明的发言或者不知所云的发言绝不会听起来有逻辑。

要向所有听众正确、清楚、简单易懂地表达你在说些什么。

思维一定要缜密——缜密到每个角落都没错的程度，这才是逻辑思维。

大体来说就是，暧昧的思考不是逻辑思维。

而且，发言也应该是缜密的、每个细节都是正确的才行。

当然，如果把如此缜密详细的思考全部表述出来的话，听众一定会痛苦不堪吧，所以只要把听众应该想听的部分表述出来就好。

你身边也许有一些编程很厉害的人（他们一定是思维缜密的人），这些人大体上说明文也写得非常棒（如果你没注意到过这点，下次看看这些人写的说明文就知道了）。

你明白他们写得好的理由吗？

因为想把说明文写好，缜密的思维是绝对必要的。只要思维缜密，再练习一下文章的写作方法，就可以很好地写出说明文了。

不糊弄地、精确地叙述，对于精彩的说明文来说，这点是不可或缺的。

"清楚明白地（表达）"——用英语来说，就是 Be clear，这也是书写英语文章时的铁则之一。

议论必须要 transparent 也是铁则之一。

这里的 transparent 意指"每个角落都清晰可见"的状态。

而且，这些铁则在对话的时候也同样重要。

比如说，像下面这样就不行：

说一句"工作积极点儿"就完了。

如果这么说了的话，后边就应该接着说怎样做才算是积极地工作才对。

类似的，说一句"我会采取相应行动的"就完了。

这也是不行的。

这样说根本就是意义不明。

到底这里说的相应行动是干什么、怎么干，不把这些说清楚是不行的。

■ 46 》 要不糊弄地、精确地表达。

47 ▶▶▶ 简洁 少说废话,让发言变简洁

因为有逻辑的思考是简洁的东西——不是各种东西乱七八糟地混杂在一起——所以，讲话听起来不简洁的话，就会像是不会进行逻辑思考的人。

所以，发言一定要让人听了觉得简洁。

为了达到这点，我们必须要做到以下两点：

①避免作出让人摸不到要领的发言（让人摸不着要领的发言也可能是单纯的叙述顺序不好，并不一定就是逻辑有问题。但不管怎么说，不会好好运用逻辑思维的人的发言听起来肯定是摸不着要领的）。

②结论尽量先说出来（但是，对逻辑有问题的发言来说，不管把结论放在前边也好，还是后边也好，逻辑也还是有问题的。并不是说先说了结论，逻辑就会变成正确的了）。

举个例子吧。

"有什么是符合××的东西吗？"

"呃……A和B的话因为……所以不太像；C呢有些可能像；D的话，嗯，应该就是它了吧，是不是。"

这简直是典型的不得要领的发言了（这个发言还不太

长,如果更长一点的话,听着肯定很难受——不对,这个也够人受的了)。

正确的方法应该是先简短地回答,然后再进行追加说明,这样的格式才是体现理性和智慧(并且合情合理——换言之,有逻辑)的。

因为问题并没有问及不符合的东西是什么,所以回答中根本不需要列出不符合的东西。

"有什么符合××的东西吗?"

"有,D与其相符。另外,C也有可能符合。"

这样说就通顺多了。

如果想让回答更有逻辑性的话(对你来说是当然的吧),再添上理由就成了——比如像下边这样:

"有什么符合××的东西吗?"

"有,D与其相符,因为……另外,C也有可能符合,因为……"

这样就满分了。

> ■ 47》 注意不要作出不得要领的发言。

版权所有，侵权必究。举报：010-62782989，beiqinquan@tup.tsinghua.edu.cn。

图书在版编目（CIP）数据

一分钟学习逻辑思维 /（日）小野田博一著；王瀚洋译. —北京：清华大学出版社，2017（2024.5重印）

ISBN 978-7-302-46033-6

Ⅰ. ①一… Ⅱ. ①小… ②王… Ⅲ. ①逻辑思维－思维训练 Ⅳ. ① B80

中国版本图书馆 CIP 数据核字 (2017) 第 002622 号

责任编辑：纪海虹
封面设计：方加青
版式设计：甘　玮
责任校对：王荣静
责任印制：杨　艳

出版发行：清华大学出版社
　　　　　网　　址：https://www.tup.com.cn，https://www.wqxuetang.com
　　　　　地　　址：北京清华大学学研大厦 A 座　　邮　编：100084
　　　　　社 总 机：010-83470000　　　　　　　　邮　购：010-62786544
　　　　　投稿与读者服务：010-62776969，c-service@tup.tsinghua.edu.cn
　　　　　质量反馈：010-62772015，zhiliang@tup.tsinghua.edu.cn
印 装 者：小森印刷霸州有限公司
经　　销：全国新华书店
开　　本：130mm×185mm　　印　张：6.625　　字　数：94 千字
版　　次：2017 年 9 月第 1 版　　　　　　　　印　次：2024 年 5 月第 2 次印刷
定　　价：59.00 元

产品编号：063365-02